YOUR KIDS ARE YOUR OWN FAULT

没有任何借口

孩子没错，是你的错
写给只言传、不身教的父母们

[美]拉里·温格特（Larry Winget）◎著 贾毓婷◎译

家教版

中国青年出版社

序言

我为什么要写这样一本书呢？看看我们周围，孩子们简直是一团糟：过度受宠、体重超标、娱乐过度、教育不当、成绩不良、无法无天、不懂礼貌、一无所知并且自以为是。这样下去，我们的社会将受到严重的影响。这种情况必须得改变了！

你不同意我的说法？那是因为你没有注意观察。

"那可不是我的孩子。"你真这么说吗？那也是因为你没有注意观察。

如果你注意观察了，你会发现社会上到处都是不会写字的孩子(用大拇指在手机上编辑短信倒是很在行)，认为老师、老板、政府和父母亏欠他们的。有这样想法的孩子比比皆是。

没错，没错，的确有例外存在。如果你恰好认识这样一个例外，那你一定是幸运的。如果你恰好培养出这样一个例外，那么上帝保佑你，我们都应该感激你培养出这样一位有能力、有贡献、有责任感的社会成员。如果可能，我真想给你来个大大的拥抱。

如果你不是那少数幸运者，那么，醒醒吧！你的孩子绝对

序言

是个灾难。

我是怎么知道孩子们情况堪忧的呢?其实只要去购物中心逛一圈,你就明白了。你会看到那些十几岁的孩子们堂而皇之地在门外抽烟,滑板少年占据了人行道,你会看到那些手头有些小钱的孩子盲目地买下他们根本负担不起的垃圾货,只为了满足他们的虚荣心,并且向那些买不起的人炫耀。

你不妨去购物中心的咖啡店里买杯咖啡。要是那个年轻的服务生看着你的眼睛,对你说声"谢谢",没有对你抱怨个不停的话,你真是太幸运了。不过,要是你忘了留下小费,他们还是会对你怒目而视的。

现在,你可以离开购物中心,回到家里看一会儿电视。你会发现新闻报道的全都是这样的年轻人:先用造假的贷款申请买了房子,后来供不起,又反过来痛骂贷方。你应该也听到过这样的说法:美国学生的平均排名普遍都在三分之二的外国学生之后。

接下来,你可以把电视随便调到一个娱乐新闻频道上:《今夜娱乐》、《走进好莱坞》或者《TMZ》。看看那些年轻的好莱坞明星们表现得如何:酗酒、不穿内衣、撞车、拍性爱录影带。这下你知道了,这就是你的孩子学习的榜样。

然后,你可以把频道切换到ESPN或是任何一家体育新闻频道,看看我们的体育明星们如何陷入滥用违禁药品、强奸、打群架以及其他各种荒唐的罪行中。你知道这也是今日年轻人学习的榜样。

"够了,拉里。我知道了,这是一本关于教育子女的书。"没错,以上的种种都是教育不当引发的问题。

请注意:

财务问题?教育不当。

客户服务糟糕?教育不当。

无知?教育不当。

教育体系落后?教育不当。

犯罪?教育不当。

少女怀孕?教育不当。

交通事故?教育不当。

腐败?教育不当。

种族歧视?教育不当。

性别歧视?教育不当。

儿童肥胖?教育不当。

明白了吗?我表达得够清楚吗?要把这份清单继续列下去吗?请相信,我绝对办得到。把上面的内容归结起来只有一点——更加科学的教育方式能够将大部分的社会问题扼杀在摇篮中。有例外吗?当然有,例外总是存在的,所以别为这个较真儿。我知道总有些问题解决不了,而我所指的是大部分可以解决的问题。大部分社会问题都是由父母不恰当的教育方式引起的。

不要钻空子说:"许多人根本没有父母来教,拉里。"我知道。从现在起,我可以放过他们——暂时放过——没有人能够永远免责。就算这些人没有父母、父母不尽责,甚至他们是被狼养大的,也迟早要学着肩负起个人责任。我们还是回到之前的话题上:孩子们有没有从父母那里了解到自身价值,了解到哪些事情可以做,哪些不可以。**在孩子成人以后,从父母那里学到的东西将贯穿他们的个人生活和职业生涯,父母教育的结果会一点点积累下来,反映在由他们创造的那个世界里。**

这就意味着,一个糟糕的国家必先从无数对糟糕的父母开始。

想要让世界进步?先让父母进步。

我们的孩子愚蠢,是因为我们的父母根本就愚蠢。本书就是要通过纠正父母的错误来纠正孩子的错误。也就是说,**不要光想着去纠正孩子的行为,你要先纠正自己的行为。**

> "你的孩子是天使还是恶魔,全看你创造了他们以后,有没有精心管教。"
> ——路伊斯·迈克马斯特·比约德,《贝拉亚》

目 录

写在前面的话 　　　　　　　　　　　　　　　　001

第一章　发生了什么?

我们是怎么把事情搞砸的?　　　　　　　　　　002
孩子为什么要这么做?　　　　　　　　　　　　004
该怪谁?　　　　　　　　　　　　　　　　　　023

第二章　教育的5条基本原则

第1节　沟通的原则　　　　　　　　　　　　029

沟通需要学习　　　　　　　　　　　　　　　　029
学会和家人聊天　　　　　　　　　　　　　　　031
语法错误、滥用俚语以及诸如此类的问题　　　　032
学会倾听　　　　　　　　　　　　　　　　　　033
表达你的爱　　　　　　　　　　　　　　　　　035
说出你的期待　　　　　　　　　　　　　　　　037
讲清行为的后果　　　　　　　　　　　　　　　038

	不要隐瞒事实	041
	坦诚沟通——就算事实很残酷	042
	对孩子说你永远在他身边	046
	经常沟通	048
	用父母对孩子的方式交流	050
	多多交流你的失误	050
第2节	参与的原则	052
	让孩子多多参与	053
	你可以过分参与吗？	054
	尽情地玩	056
	开玩笑	058
第3节	教育的原则	059
	父母的责任之一：让孩子上学	059
	养成阅读的习惯	063
	演讲家和演讲家的CD、DVD等	065
	旅行，参加社会活动	070
第4节	纪律的原则	073
	建立行动守则	073
	指挥链	075
	对不良行为不能视而不见	078
	真实世界里的纪律	081

第5节	**惩罚的原则**	082
	因材施"罚"	083
	你的"工具箱"里都装些什么？	086
	不要威胁孩子	088
	别找替罪羊	089
	惩罚孩子的拉里法则	090
	好消息	093

第三章 应该教给孩子的事情

第1节	**找到榜样**	098
	电视里的反面榜样	099
第2节	**父母教给孩子的最重要的东西**	103
	我的父母教给我什么？	103
	父母为你上的最好一课是什么？	105
	拉里家的孩子们有话要说	110
	哪些道理父母能早点告诉你就好了？	118
第3节	**钱的问题**	124
	有多少钱不重要,怎么花才是关键	125
	当情况完全相反时	128
	从零用钱讲起	130
	关于钱的最重要的一点	145

第4节	**关系：关于家庭、父母和朋友**	148
	首先学会爱自己	148
	孩子的婚姻关系会是你的翻版	149
	让孩子看到父母的冲突	150
	拉里的婚姻观	152
	离婚	154
	约会的事情	156
	教会孩子如何与他人相处	161
第5节	**饮食和健康**	166
	营养过剩的问题	166
	在家吃饭和在餐厅吃饭	169
	饮食障碍	176
第6节	**学校**	179
	关于作业和学习成绩	179
	怎样应对学校暴力	183
第7节	**高科技产品**	189
	关于看电视	189
	手机	193
	电子游戏	194
	网络	196

第8节　正直、诚实与撒谎　　　　　　　　　199
　　　诚实与欺骗之间没有灰色地带　　　　199
　　　孩子与说谎　　　　　　　　　　　　201
　　　签名的意义　　　　　　　　　　　　204

第9节　帮孩子找到自己的目标　　　　　　206
　　　鼓励孩子去探索　　　　　　　　　　206
　　　我的两个儿子是如何找到自己的目标的　208

第10节　教孩子规划成功的蓝图　　　　　　211
　　　设定目标　　　　　　　　　　　　　211
　　　制定决策　　　　　　　　　　　　　213
　　　成功的两条四字箴言　　　　　　　　215
　　　将你的人生哲学告诉孩子　　　　　　217

第四章　还有一些事情……

第1节　写给十几岁的孩子们　　　　　　　222

第2节　一份简明清单　　　　　　　　　　229
　　　特权VS权利　　　　　　　　　　　　229
　　　父母一定要做到的　　　　　　　　　230
　　　父母不要做的　　　　　　　　　　　232

第3节　教育孩子的终极目标以及其他理念　234
　　　讽刺的事——还是闯祸了！　　　　　234

讽刺的另一种版本——皆大欢喜	237
教育的终极目标：独立	238
让孩子走吧！	241
斗牛犬为我上的一课	241
如何知道你已经成功了？	243
你做得到吗？	244

写在前面的话

那些熟悉我的作品、读过我其他书的读者们知道,我是个一根筋,也就是说我所有的作品都在讲同一个主题,那就是个人责任。在我的第一本书《别抱怨了,行动起来:改善生活必杀技》中,我讲述的主题是个人发展;在《谁偷了你的成功》一书中,我讲述了职场上的个人责任;在接下来的《你让自己破了产:如何走出窘境,重获成功》中,我从个人理财的角度重申了个人责任的主题;在《10种白痴做法:是什么毁掉我们的生活、财富和事业》中,我向读者反复灌输了这样的理念:你必须充分掌控生活的方方面面,不要把自己的问题归罪到别人身上,尽你所能创造你想要的生活。这四本书讲述的都是同一个主题:个人责任。这一次我要从教育孩子的角度再一次阐述这个主题。我们当今的社会简直就是一团糟,而这种糟糕的现状只会愈演愈烈,因为父母们并没有担负起他们的责任,他们没能教会孩子们如何过上成功而富足的生活。这种情况必须停止,立刻停止!在这本书中,我想做的就是停止这种恶性循环。

写在前面的话

"我的孩子非常出色,拉里,我根本不需要这本书。"

我知道你的孩子非常出色。所有的孩子都非常出色。如果你不相信,就去问问这些孩子的父母。在这一点上,我不想和谁争论。我只想说,所有的孩子在一开始都非常出色。孩子初到这个世界时都是白纸一张,是你,孩子的父母,在这张白纸上画下了图案。你画下的一切都将决定你出色的孩子将来究竟能成长为出色的人才,还是变成社会的吸血鬼。因此,你有一个"出色的孩子",这并不是真正的重点,对不对?真正的重点是让你的孩子成长为出色的人才。

这本书适合你读吗?

这本书适合所有爱孩子、希望给孩子最好的教育、为了把孩子培养成材愿意付出一切的父母们。也许他们需要的只是轻轻的一声提醒,告诉他们什么才是真正重要、真正基本的;也许他们需要有人唤醒他们,尽快收拾起这个烂摊子;也许他们需要有人狠狠踹上他们一脚,告诉他们一切都搞砸了,必须赶快回来,把家庭拉回正轨。

这本书适用于成千上万孜孜不倦地学习如何教育孩子的父母们。他们有着最普通的家庭环境,孩子们的情况也都正常。他们希望的是把孩子培养成有责任感的人,好好生活,好好做人,好好做事,将来好好培育他们的下一代。这本书也适用于单身母亲和周末父亲,以及婚姻稳固的夫妻们。总之,这本书适用于所有认真教育孩子的父母们。

从这本书中你能得到些什么?

在本书中,我将具体指出在教育过程中哪里不对,哪里还欠缺,以及为什么孩子会这样或那样做。我会举出很多例子,告诉你我认为是不好的教育方式,并指出这样下去会对社会造成怎样的影响。我会讲到怎样才能把孩子培养成有责任感的人。这是我对所有父母的唯一希望——培养孩子成为有责任感的、有所贡献的成年人。

从这本书中你得不到什么?

实际上,这并不是一般意义上的"如何……"之类的书。我不会讨论如何换尿片或如何让小吉米乖乖喝牛奶、刷牙之类的问题,我不会告诉你如何让小莎莉主动整理自己的房间,我不打算手把手地教会你为人父母过程中的每一个基本问题,尽管这些问题你已经遇到或终将遇到。我不可能把你做父母的所有问题都写尽,所以,别指望我会这么做。市面上有许多书可以教你怎么处理这些问题,写得比我要好得多。

如何教育孩子终究是你自己说了算,因为每个孩子都是不同的,都需要有独一无二的个性化教育方法。再者,大部分育儿问题都无法事先预料,要在情况发生的当时"随机应变"。在这种时候,什么"如何"准则都不管用。

这本书更多的是一本"做什么"的书。我会告诉你需要教会孩子些什么,而不是如何教会他。从长远来看,你要让他知道什么是最重要的,而如何将这些信息灌输到他的脑子里,取决于你。

"你有什么权利教我们如何为人父母,拉里?"

这是个好问题。我为大众所熟知的身份是商业顾问、个人发展规划师和理财顾问,而正是这些身份让我有权在这里讨论教育。况且,我也不光是在讨论教育,我们要跳出来看:我是在讨论责任、纪律、因果关系、目标设定、教育、爱、宽容、伦理、如何工作、如何娱乐以及许多其他方面的课题,它们共同构建起一个有厚度的生命。这些课题也正是我在此前的每本书中所极力阐述的,是每个人都必须学习和遵守的,只有这样,我们才能过上成功、幸福和富足的生活。这就是我刚才提到的"做什么"。在这本书中,我要将我领域内的课题变成适合教给孩子们的东西。我讲的不是育儿经,我讲的是生活经。

在此前的每本书里,我都会举出我自己的许多例子来告诉读者怎么做。我清楚地列举出在个人生活、生意场和理财方面,我都犯过哪些错误,经历过哪些困难局面以及我是怎样收拾残局的。我把自己走弯路的经验提取出来,同时也会贡献一些我读到的或学习到的经验。

这本书也不例外。我要指出作为父亲,我都犯过哪些错误,以及从中学到了什么,我也会将对的做法列举出来,并指出它对我那两个已经成年的儿子产生了怎样的积极影响。此外,我从许多世界顶尖的教育专家那里学到的东西也会让你们获益。

然而,最让我有权写这本书的原因只有两个:阿伦·泰勒·温格特和帕特里克·梅森·温格特,这是两位有责任心、诚恳、工作努力、积极纳税、有奉献精神的成年人。能将孩子打造成优秀人才,而不是让他们像傻瓜一样在街上闲逛,这样的父母总有一两条经验能与别人分享吧。

我无法挽救你的孩子

也许你买下这本书是以为我可以教你一些绝招,来挽救你的孩子。很抱歉,这本书不是关于如何挽救孩子的。首先,我不觉得你的孩子哪里坏了,所以他不需要挽救。

"什么?可是我想要挽救我的孩子!"——很遗憾。我写这本书不是出于这个目的。我知道你的孩子也许正一团糟,但这不是他的错。相信我,我知道许多孩子都是一团糟,但同样的,这并不是他们的错。错在父母。

写在前面的话

因此,这不是一本"挽救你的孩子"的书,这是一本"挽救你的教育方式"的书。只有教育方式改进了,孩子才能进步,这是连锁反应。我要说得再明确一些,这样你才不会误解:**不关孩子的事,这是你的事!** 在前几页我就说过,如果你想改变孩子的行为,那么,首先改变你自己的行为。

要想培养出一个有责任心、有所贡献的孩子,你要解决的最大问题是:成为一个有责任心、有所贡献的父母。别告诉我你就是有责任心的父母,你把一切都做得很完美——你的孩子还是一团糟呢。这是没用的。我的所有作品都贯穿一个基本前提,让我来重申一下:

只有做生意的人好了,生意才会做好。

只有销售人员提升了,销售额才会提升。

只有客服人员改进了,客户服务才会改进。

老板做好了,雇员才会做好。

丈夫做好了,妻子才会做好。

妻子做好了,丈夫才会做好。

还有——

父母做好了,孩子才会做好。

想想这句话的意思……

只有当你变得更好,你的生活才能变得更好,否则,一切都不会改观。

当然,改变绝非易事。你要对你的教育方式进行长期认真的观察,才能有所改进。早在你的孩子变好之前,你就要变得更好。如果孩子现在还是一团糟,那就赶紧承认错误吧。想一想,作为父母你哪里做得不对,告诉自己说:为了改进教育方式,我准备尽一切努力,这样我才能培养出有责任心、有所贡献的人才。要记住,孩子没错,错在于你。

几点说明

说明1:

我可不喜欢有人告诉我他的孩子有多么优秀。那些没完没了地描述他的孩子多么可爱、列举他的孩子有多少优点的人,只会让我觉得无聊。没错!我打赌你也有同感。在这本书里,我要先讲述我是怎样培养孩子的,才能让你明白你应该怎样培养孩子;我要先讲述我教会孩子些什么,才能让你明白你应该教会孩子些什么。因此,你会听到很多关于我儿子的故事,很抱歉。不过我保证,我不会没完没了地说他们有多好,实际上他们也没有那么好,他们只是孩子而已——有时候,他们表现得不错,而有时候,我恨不得揍他们一顿。多数时候,他们只是孩子。虽然他们现在已经长大成人,而且我也为他们感到骄傲,但是请相信,在成长过程中的大多数时候,他们简直像一对白痴。在描述他们童年时的顽劣和长大后的可靠这二者之间,我会尽可能地找到平衡,好让你不至于因为对比太过强烈而感到难受。但总的来说,你要记住一件最重要的事:我在这里讲的所有故事都是为了阐释道理。我向你保证,绝不会没有目的地滥讲一个故事。

说明2:

我绝对相信纪律。我认为哪些行为是可以接受的,哪些是不可以接受的,都应该逐条列举清楚。一旦孩子违反了这些条款,就要受到惩罚,不能因为你没时间、正忙着别的事、惩罚起来有些吃力、你不忍心、或者心不在焉等原因,就不去实施惩罚措施。纪律是你自己制定的,也得到了孩子的认可,就不能言而无信。如果你看到不可接受的行为却不去惩罚,那么这本书就是要纠正你的错误。

说明3:

我是从宏观上来讲,我只针对大多数情况下大多数人的问题进行讲解。例外当然会有,我不否认。世上凡事都有例外,所以别急着在我的话中找漏洞。我在本书中所涉及的每一点都有例外,我只是不想去讨论这些情况而已。

说明4:

在本书中我引用了许多数据,但大部分数据都没加脚注。这不是我的写作风格,我相信这也不符合读者的阅读风格。我引用的数据全都有可靠的来源,如果你一定要弄清楚,那我建议你打开google自己去查。只要花上几分钟,你就能找到本书中所有数据的来源。

对你的要求

你不必同意我的每一个观点。实际上,我倒希望你不要事事都同意我。如果你一味地同意,就不会自己主动思考。我可不希望你做盲目的读者。我希望你读我的文字时,有自己的思想和判断:你认为对的就同意,有违你认知体系的东西你就不同意。健康的质疑意味着你在深入思考。不管你同不同意我的观点,深入思考,批判地提出意见永远是好事。

我对你的要求是:如果你对书中的某些内容完全不能同意,那就保留你的观点,跳过分歧,接着往下读。不要因为你不同意某一个观点,就把其他观点全都否定掉。那些观点也许正是你所认可的,也许你能将它们轻松运用在生活中。

我曾经收到过一封信,是一位读者读过我的另一本书以后写来的反馈信。他告诉我说,整本书他都无法认同——哪怕明知道有些内容可以很好地解决他实际生活中的问题,这仅仅是因为他不同意我关于瓶装水的一个观点。我只能说他太可悲了——仅仅因为一个与主题几乎不相干的观点,就轻易否定掉所有观点,连同那些他自己都承认有所帮助的观点。

读这本书时,请你千万不要这样做。教育孩子本来就是件棘手的事。当着父母们的面指出他们孩子的不足,并公然对他们的教育方式提出质疑,一定会让他们怒火中烧!如果你能以开放的心态看待这一切,从书中找出可以借鉴的育儿经验,哪怕只有一条,我就心满意足了。在书中发现一个好点子,一个合上书以后马上就能学以致用、在你的孩子身上生效的好点子,这就是我的所有目的。明白了吗?希望如此。

好了,我要说的就是这些。培养一个更优秀的孩子,你准备好了吗?现在准备好纸和笔,接着读下去吧。

开始之前

我相信读书是一种互动,因此我在所有的作品中都为读者预留了笔记区,这本书也不例外。希望你在开始阅读之前,先拿出笔来,在下面的笔记区写下你自己的教育心得。请不要跳过这个小练习,因为你所写下的每条心得,就组成了你对孩子的教育方式的基础。

画好你的蓝图

要建房子,你首先要在脑海中构筑好蓝图。你想象着完工后的房子是什么样子,然后制定详细的计划,把你的想象一点点变成现实。你请来了房屋设计师,又雇了施工队,开始建房子。你的工程总指挥密切注意着施工队的每一个工人,保证他们各尽其责,推动整个工程朝着预定目标前进,不出差错。你将自己的全部时间、精力,还有金钱,都投入到这项工程中,希望能将脑海中的蓝图变为现实。

教育孩子也是一样的过程,你要先在脑海中构筑好蓝图。在"施工"过程中,你既是设计师,又是总指挥,更是具体的施工者。当然,除你之外还会有其他施工者,比如孩子的祖父母、其他的家人、朋友、保姆和教练等,他们在孩子的成长过程中或长期或临时担负着监管孩子的职责。作为工程总指挥,你必须管理好这些"施工者",让他们各司其职,协助你完成这项巨大的工程。

想象一下,你打算建一座漂亮的新房子,于是订了很多木材、管子和电线,还订了一个橱柜和几扇门,又买了马桶、水槽和一些草种子。你把所有的材料都准备好,堆在工地上以后,却茫然地坐在那儿,完全没有任何计划。你会这么做吗?当然不会。这么做当然是愚蠢的。可人们往往就是用这种方式教育孩子的:事先没有任何计划。他们只把要孩子当成一件乐事。9个月后婴儿出生,他们会备齐尿片、雇好保姆、买好奶瓶和奶粉,就是没有计划好要把孩子培养成什么样的人。他们不知道自己想要培养出怎样的孩子。当然了,他们会这么说:"她会成为一个医生!"或者:"他可以当上美国总统!"但是怎么当?父

写在前面的话

母们有计划吗？没有。

父母们也许会花很多时间来展望孩子的未来，设想种种美好的前景，但多数人都没有仔细想过，为了实现这样的设想，他们每一天都该做些什么。一味地设想未来是没有用的，每一天你都要为实现目标而努力。

这就是我的目的——请你先设想好未来，弄清楚自己希望孩子成长为什么样的人。培养的真正涵义是：培养孩子长大成人。现在我想让你明白一件事：这本书不是关于如何培养有责任心的孩子，而是关于如何培养有责任心的成人。很少有父母能够想得这么长远，真正理解培养的涵义。

你培养的孩子与我们每个人都息息相关。他生命中的前18年都生活在你的屋檐下，之后，他就要独立生活，自己作出各种决定，而这些决定引起的种种后果有可能会影响到我们每一个人。他生活在你家的18年是孩子，生活在社会上的60年是成人，而正是那最初的18年，决定着走出你家大门以后，他将成为怎样的成年人。

想知道这18年里你该怎么做，你必须从一开始就知道你希望孩子成为什么样的人。

乘上时光机器

不要只看孩子今天的样子。忘了他只有10个月大，还坐在高高的婴儿椅上,流着口水,把麦片扔得到处都是……想象他已经是35岁的成年人。你希望他是什么样子?拥有哪些好习惯?以何种方式生活?赚多少钱?还在向你伸手要钱吗?自己不会作决定?背一大笔债?还和你住在一起?还在上学?失业在家?无法与别人相处融洽?在阅读这本书之前,你要拿这些问题问问自己,想象你的孩子在35岁时应该是什么样子,再回溯到现在,想想自己应该怎么做。

我为什么要让你这么做?因为我已经看过太多类似的事例:那些父母忧愁地望着他们35岁的儿子,多么希望孩子还小时,自己能用完全不同的方式来教育他。现在,这些35岁的"宝宝"家庭破裂,生活不幸,不懂得如何处理人际关系,也许还住在父母家里,伸手向父母要钱。等将来他们有了自己的孩子,又会将同样的错误遗传给孩子。

事后诸葛亮

——你一定听到过这句古话。星期一,你满心懊恼,后悔自己星期天不该洗车。你明明听说会下雨,却没当真。这时你可以做"事后诸葛亮"。当你回顾自己的某些决定,发现那并不是最好的选择时,你完全可以懊恼。虽然事情的后果可能很严重,但毕竟不会毁掉你的整个生活。然而,看着你一手培养出来的"35岁宝宝",再怎么后悔也无济于事了。"事后诸葛亮"

写在前面的话

没有半点用处,一切都来不及了。你无法回到过去,重新教育孩子。因此,趁孩子还小的时候,你就必须有远见。这就是我要帮你认识到的。希望你尽早拥有这样的远见,知道孩子 35 岁时应当成为怎样的人。

花上几分钟,没错,就是现在,把你的答案填在下面的空白处。

你希望孩子将来成为怎样的人?

_____
_____
_____
_____
_____

要让孩子成为那样的人,他必须学会些什么?

_____
_____
_____
_____
_____

在他必须学会的知识中,有哪些是你已经教过的?

_____
_____
_____
_____

还要教会孩子些什么?

_____
_____
_____
_____

祝贺你!关于如何培养一个有能力、有爱心、聪明、可爱、责任心强、行为规范的成年人,你已经写下了自己的书。现在,你该好好读读我的书了。

第一章 发生了什么?

我们是怎么把事情搞砸的?

在我谈到的每一个话题中,我都会提到这个问题:为什么雇员不能更卖力地工作?为什么我们的经济一团糟?为什么人们总是作出愚蠢的决定?大家总喜欢问个为什么,我想这是个合情合理的问题。所以我们先来看看为什么事情会变得一团糟。

每当有人问我:我们的社会怎么成了这副乱糟糟的样子?我都会觉得很有意思。因为不管我们讨论的是哪个行业,答案总是一样的——因为我们没有阻止它发生,或者说,它发生的时候没能引起我们足够的重视。不管是哪种情况,总之,我们纵容它发生。我们大摇大摆地坐在沙发上,眼睁睁地看着事情演化成混乱的局面,除了哀号、抱怨以外,没有做过任何实质性的努力。

我们眼看着混乱首先发生在生活中,紧接着蔓延到我们的家庭里来,接下来工作和事业也成了乱麻。我们看着麻烦越来越大,直到全社会都变得混乱一片。我们走到哪儿,混乱就跟到哪儿。于是,我们开始习惯于被各种混乱所包围,变得麻木不仁。我们甚至对它有了免疫力,仿佛混乱已不再是混乱,只是事情发生的自然规律。我们已经意识不到混乱的发生,因为我们早已将它当做生活的一种存在方式而接受了。这样下去，我们必定会被混乱从背后一箭射中。没错，从背后，不是前面，因为我们早就转过身去，背对着混乱，只想一走了之。然而不管我们躲到哪里，混乱盯紧了我们，根本别想摆脱。

有许多次，我们目睹了混乱发生的全过程。它常常披着不同形式的"外衣"，比如过度肥胖，这就是社会混乱的一种。我们从前并不是世界上最肥胖的民族，但现在我们当仁不让。我们的教育也毁在了自己的手里——我们的教育水平本是世界顶尖的，但现在再也不是了。工商业领域也是一样。我们的手工业制造水平本来数一数二，现在辉煌早已不再。经济方面也不例外。总的来看，从健康到经济，到我们的政府，混乱局面几乎存在于社会生活的方方面面，自然，它也发生在我们的孩子身上。

我们的孩子之所以成了今天这样一团糟，原因就在于此——是我们让这一切发生的。孩子们当然不是一夜之间就成了今天这个样子，事情是慢慢变糟的，而我们睁一只眼闭一只眼，对它视而不见，假装这一切都不是真的。因为一旦承认这是真的，就意味着我们必须去解决问题，而遗憾的是，我们总喜欢等到一切都无可挽回时，才真的想去解决问题。

人们什么时候才下定决心要减肥？是他们被查出患上糖尿病或心脏病的时候。人们什么时候才决定非戒烟不可？当他们患上肺气肿甚至肺癌的时候。人们什么时候才真正意识到他们必须要努力工作了？当他们马上要被炒鱿鱼的时候。总而言之，人们总是等到事情马上要搞砸的时候，才手忙脚乱地去修补。

教育孩子也是一样，也许在这方面，我们的惰性表现得更加淋漓尽致。为什么呢？因为不到万不得已，没有人愿意承认自己的孩子已经不成体统。哦！当我们说"你的孩子不成体统"或"他们的孩子不成体统"时，语气是多么轻松，可轮到我们自己的孩子呢？完全不可能！毕竟，那是我们自己的孩子呀！

现在，我们回到最初的问题上：我们是怎么把事情搞砸的？我不想简单地把答案归结为"我们不够用心"，我想总结出一个经得起推敲的答案。借助这个答案，你可以反思自己作为父母有哪些不足，并决定今后的路该怎么走。

孩子为什么要这么做？

孩子为什么会做错事……为什么？这问题似乎很大，我将答案归结为8点：

1. 父母允许他做错

因为父母允许，所以孩子才会去做；因为父母允许，孩子才变成了今天的样子。事情就是这么简单。

　　如果你的孩子情况很糟,那你一定不会喜欢这个答案,一定会列举一大堆理由证明我是错的。你会告诉我电影、音乐以及电视节目中充斥的黄色和暴力元素是如何影响到你的孩子,把他变成今天的样子;你会抨击教育体系;你会归罪于社会竞争的压力,以及社会对不负责任行为的纵容……相信我,这些借口我已经听过太多了。我在电视上看到过父母们喋喋不休地列举各种理由,总之就是别人教坏了他们的甜心小宝贝。这些理由我自己甚至都用过一两次,但说实话,没有一条理由能够站得住脚。因此,还是抛开你的愤怒,面对事实吧——孩子是父母的作品,就是这样,承认吧。你越快承认,就能越早着手挽救这一切。

　　你的孩子与你所期望的大相径庭,对此你有责任吗?有哪些责任?将答案详细写在下面的空白处。

_____
_____
_____
_____
_____

2. 做错事后没有惩罚

父母由着孩子为所欲为,对他的行为不加指导和训练,也从没告诉过他哪些行为可以接受,哪些绝对不行。当孩子做错时,做父母的并没有给出相应的惩罚,而人们的行为模式有一个最基本的特征:**只要是不受惩罚的行为,就会被默认为合理的,并将反复出现。**

在本书的稍后部分,我会花大篇幅详细阐述因果关系、纪律和惩罚的主题,现在你只要记住这一点:孩子之所以成了今天的样子,相当一部分原因是当他犯错时,理应出现的连锁反应并没有及时出现。我们总是这样警告他:"如果你那样做,就会发生那样的事",或者"如果你不这样做,那件事就会发生"。当他不按我们期望的方式行事,也不听我们的话时,我们却无动于衷,也没有让该出现的后果及时出现。知道光说不做的父母是什么吗?骗子。没错,就是我们这样的骗子父母教坏了孩子。就是因为我们一时偷懒,没有说到做到,没有兑现承诺,才纵容了孩子的坏习惯。

你是不是没向孩子解释清楚应该怎么做?当孩子做错事时,你是不是没有给出相应的惩罚?为什么?将答案详细写在下面的空白处。

3. 你让孩子以为自己与众不同

他没什么特别之处。我让一些慈爱的父母们失望了,是不是?那些真心相信他们的小天使与众不同的父母们,请你们认清事实吧:你的孩子根本没什么特别的。如果你总是对孩子说他有多么与众不同,那是极不负责任的。你的孩子对你而言是特别的——仅仅对于你。对于其他人,他就是再普通不过的小孩。

你的孩子没做过什么,就得到了你全身心的爱,当然,他也不必刻意去做什么。他生来就拥有你的爱,让他知道这一点也很好,但是,当孩子走出家门去上学时,就成了第3排那个普通的小男孩,没有什么出众之处。在学校里,你的孩子不再是小王子,只是个普通孩子。你要让他明白这一点,学着应对这种地位的变化。将来,他还要进入职场,同样,他也只是个普通职员,没什么特别的。你的孩子必须懂得:一旦他离开你温暖的怀抱,进入现实社会时,就没有人再会无条件地爱他了。在现实社会里,成功、爱与幸福并不是与生俱来的,要看你做过些什么,做得如何。

你是不是一直对孩子说他有多么特别,而没有告诉他社会将以每个人的成绩来对他进行评判,加以区别对待?你是怎么说的?将你的答案写在下面空白处。

☼☼ _____
_____
_____
_____

我要再丢一颗重磅炸弹出来——

4. 你让孩子成为你生活的中心

他不是你的太阳。

"什么?简直是亵渎神明!!"

我知道,你一定是这么想的,但这次你又错了。如果你让孩子成了你生活的中心,他就能学会如何将你牢牢掌控在他的小手心里。更重要的是,一旦孩子知道他是妈妈爸爸眼中最重要的人,他就能利用这一点,挑起父母之间的争端,也可以让父母联合起来,帮他对付别的成年人。做父母的会发现,自己总是与老师、教练或其他监管你的宝贝的成年人发生冲突,这都是因为小吉米知道他在你眼中是第一位的。

你的宝贝当然重要,不要误解我的意思。你的孩子应当得到你全部无条件的爱,这自不必说。但若是哪对父母把孩子的快乐凌驾于一切之上,就等于牺牲了他们自己的理智和生活,搞不好会连他们的婚姻也搭了进去。

如果你已经为人父母,想想看,总有一天,孩子会长大,会离开你,去过他自己的幸福生活。当那一天到来时,家里只剩下你和你的配偶相依为命。如果此前你们把所有的时间和精力都花在孩子身上,当他离去时,你面对配偶就会像面对一个陌生人一样。有许多婚姻在孩子离开之后不久就解体了,许多夫妻"和和美美"二十多年,最后以离婚收场,原因就在于此。这些夫妻的共同纽带就是孩子。当这条纽带长大了,离开了,他们之间再没有任何共同之处,离婚也就成了必然结果。

类似的情感失衡也发生在单亲家庭中。单亲父母会花更多的时间和精力在孩子身上,完全剥夺了孩子自己的生活。在他们看来,"全权掌控"是为了孩子好。当孩子长大离开后,他们就会孤单一人,没什么朋友,更没有陪着自己安度晚年的伴侣。渐渐地,他们成了性格古怪的老头子或是老太太,整天盯着他们五十多岁的宝宝不放,好像他只是个4岁孩子。

别以为爱孩子就是要让孩子成为你生活的中心。一旦他成了你的太阳,你一定无暇照顾配偶,经营其他关系,更别说照顾好自己。

> "一个把孩子当成生活中心的妈妈,一定会害了孩子。"
> ——威廉·萨默赛特·毛姆,《刀锋》

你把孩子当成生活的中心了吗?你为了孩子忽略自己的生活了吗?你是怎么做的?把答案详细写在下面空白处。

☀☀＿＿＿＿＿＿＿＿＿＿＿＿＿＿＿＿＿＿＿＿＿
＿＿＿＿＿＿＿＿＿＿＿＿＿＿＿＿＿＿＿＿＿＿＿
＿＿＿＿＿＿＿＿＿＿＿＿＿＿＿＿＿＿＿＿＿＿＿
＿＿＿＿＿＿＿＿＿＿＿＿＿＿＿＿＿＿＿＿＿＿＿

5. 人人都觉得自己理应享有特权

不论在哪个年龄段,人们似乎都认为成功、财富和幸福原本就该属于他们。我们常常看到那些一把岁数的人盯着政府问:"我的救助金呢?"其实他的窘境根本就是由他自己造成的,可他还是一心希望政府能为他的愚蠢买单。他们祖祖辈辈靠救济金生活,每天除了走到院子门口的信箱取回几封信以外,几乎无所事事。

孩子们眼睁睁地看着爸爸妈妈为了能买到更大的房子,用假资料申请贷款,而实际上,他们根本不需要这么大的房子,也根本负担不起每月的还款,最后只能把房子交回去。孩子们听着父母不停地抱怨他们如何因为虚假借贷而搬起石头砸了自己的脚。孩子们看着父母在购物中心疯狂刷卡,为了付账单甚至把他们手上所有的股票都卖掉,只因为他们认为自己"理所应当"拥有更好的东西。

最近我收到一封邮件,写信的女子说8年前她和丈夫申请了破产。现在,8年过去了,他们又欠下了一大笔债。破产本来给了她第二次机会,可却被她浪费了!

她接着说,她和丈夫没有为自己买什么东西。他们有三个女儿,用她的话来说:"她们不需要什么。"现在她的问题是,该如何向女儿们解释他们现在遇到的经济问题,并且在不让她们"失望"的前提下,告诉她们必须"削减"生活开支?你一定能猜到我是如何回复她的:首先,她所谓的女儿们"不需要什么"的说法根本就是谎话。她们需要有责任心的父母,能从失误中吸取教训——懂得如何筹划将来的生活——为三个孩子存够

第一章　发生了什么？

　　大学学费——明白什么事情应该优先考虑——能教会她们如何理财、做预算——知道什么样的生活方式才是他们能够负担得起的——她们希望自己的父母不是白痴！至于她所担心的：削减开支而又"不让女儿们失望"，简直是开玩笑！现在说这些已经太迟了，因为她和她丈夫已经让孩子们失望了。她在邮件中说，三个女儿各自都有手机，而且每个月的话费超过200美元，但他们却不能像真正的家庭那样，团结起来共渡难关。她告诉我，她不想让女儿们因为自己的失误而"受苦"。我的天！一个十几岁的孩子没有手机用就叫做受苦了吗？

　　一个刚刚16岁的孩子认为他"理当拥有"一辆新车，这有什么好奇怪的吗？当然没有。看看电视剧《我甜蜜的16岁花季》你就明白了。既然如此，孩子认为他应该有一部手机的想法还有什么值得大惊小怪呢？我们根本没为孩子树立起正确的榜样，我们根本没告诉他"权利"与"特权"之间有什么差别。

　　最近，我看了关于心理学家凯斯·安布洛的专访。他是一档著名脱口秀节目《凯斯·安布洛医生秀》的主持人。在访谈中，他提到了孩子们亟待改正的问题：他们觉得考试得"A"理所应当，这正好成为他们在全班面前炫耀的资本。孩子们不再把努力和回报画上等号，他们只想花最少的力气拿到A，然后在大家面前大秀一把。

是你让孩子以为他拥有特权吗？你是怎么做的？在下面的空白处详细写下答案。

_____
_____
_____
_____
_____

6. 你竭力想给孩子一份自尊

你根本无法将自尊馈赠给孩子，还是省省吧。"什么？帮孩子建立自尊心是我应该做的啊！"你惊诧地说。好了，这是哪个笨蛋告诉你的？看看这个词吧："自尊"。"尊"就意味着："评价很高，满怀敬意或钦佩之情。"在"尊"之前还有个"自"，意思是"对自己的评价很高，满怀对自己的敬意和钦佩之情"。从定义上看，你根本无法给予别人自尊，自尊只能来自他自己的内心。同样情况的还有"自我价值"和"自信"等。只要有"自"的意思在其中，那么没有人能代替你完成这件事。很多人并不了解"天助自助者"的含义。他们的注意力全放在"助"上，全然忘了"助"的前提是"自"！

可悲的是，我们一直被灌输这样一种思想：高度的自尊心是成就大事的关键。于是,我们一心想帮孩子建立起强大的自尊。然而事实刚好相反,高度的自尊心并非成就大事的关键,相反,成就大事(或者把点滴小事做得无可挑剔)正是建立高度自尊的关键。当你将某些事做得很出色,你对自己的评价自然而然就会高起来,而不是你的自我评价高了以后,你才能将事情做好。

自尊的获得是一个逐步积累的过程,你把事情一件件做好,自然会赢得自尊。既然上流社会不曾推广这种理念,看来,我们也只能关起门来在自家推广了。在上流社会中,你也许很有钱,也许很漂亮,也许有一对名人父母,偶尔还在媒体镜头前忘了穿内衣,然而在现实生活中,大多数人必须努力奋斗,才能换得与奋斗程度相匹配的社会地位。不论地位如何,是高是低,这都是你应得的。地位也就是尊重。别人有多么尊重你,决定于你都做过些什么。

用工作换取尊敬,难道事情不就是这样的吗?根据你所做的贡献,你获得了别人的尊重。我赚多少钱,赚钱的快慢,完全取决于我的工作做得怎么样。对你来说也是如此。只有你的成就才能为你赢得自尊。你尽全力去做一件事,就算没做成功,也比什么都不做要好得多。

作为父母,我们一心想要把自尊作为礼物馈赠给孩子,而不是教会他如何尊重自己,这真是大错特错。父母的任务并不是给予孩子高度的自尊,而是帮助孩子多多尝试,教会他如何游刃有余地处理各种状况。只有行动——尝试、成功甚至是失败,才能带来成就感。当孩子做得好时,要及时赞美,鼓励他再接再厉,当他需要指导时及时给出意见,甚至当他做得很差时提出批评,这才是父母应该做的。只有这样,父母才能帮助孩子获得高度的自尊。

你是否一心想要给予孩子自尊,却没有教会他如何尊重自己?你是怎么做的?将答案详细写在下面的空白处。

_____
_____
_____
_____
_____

7. 你懒得解决问题,只知道给孩子滥用药物

注意力缺乏症——多动症。我准备多花些笔墨来阐述这个问题。在我小的时候,没有人有注意力缺乏的毛病,我们的问题只是不够注意。

我们周围也没有这么多抑郁的人。如果你抑郁,你也不会

第一章 发生了什么？

大张旗鼓地告诉其他人，更不会拿它当做借口。你的日子过得有好有坏，慢慢地你就学会了去适应。就算现在，我的日子仍然有好有坏，不管是什么情况，我都能泰然处之。没错，就算是拉里·温格特也有垂头丧气的时候。我是怎么应对的呢？我让自己忙碌起来，用其他事情占满自己的生活，这样我就没有多余的精力再去顾及那些"灰蒙蒙"的情绪了。我这辈子还没有见过每天都顺利、从来不沮丧的家伙。我们的生活都是喜忧参半的。我从来不吸食毒品，我认识的绝大多数人也从不这么干。我们总是学着去克服困难。

"但是拉里，你不明白！有些人就是没有办法通过忙碌而淡化沮丧。"不，我绝对明白。有些人，包括孩子在内，只能靠吃药来解决问题，但在我的书里，药物永远都是最蹩脚的解决方式。在当今社会，我们宁愿抓一把药片塞进嘴里，也懒得花时间、花力气去解决问题。

你必须让孩子明白，生活的高低起伏都是常态，并且教会他如何应对各种情况。你要告诉孩子，坏情绪会来，也终究会走，不要一发生什么小事就把孩子带到医生面前。记住，医生是靠坐诊赚钱的，有些医生甚至会从开出的药方子里拿到提成。他们当然希望你事事依赖他们，将他们给出的专业建议奉为圣旨。

要让孩子恢复健康，你可以试试传统的良方，那就是，让毛病自行解决，实在不行再去看医生。我敢打赌在大多数情况下，这个良方都会起作用。在解决毛病方面，常识、时间和自愈能力通常都是十分有效的。

小的时候，我非常情绪化，注意力不能够长时间集中。（啰唆一句，如果你的孩子没有注意力短暂现象，我倒建议你带他去看医生。一个正常的小孩子怎么可能注意力长时间集中呢？）

四年级的时候，我的老师波曼女士将我和另外三个调皮的孩子分开，让我们分别站在教室的三个角落里面壁思过。她的理由很清楚：我们扰乱了课堂秩序，太爱说话，她想及早遏制我们的坏习惯。她这么做有错吗？没有。我当时恨她吗？是的。但是我也只得就范，谁让我做错了呢。她采取了非常有效的方法来维护课堂秩序。我妈妈不喜欢这种方法，毕竟我是她的小天使，但我爸爸就非常理解，他坚决同意老师的做法。

从这个小故事中我们可以知道，小孩子总是情绪化、爱捣乱、注意力不集中，这些都是再正常不过的。只要加以长期的训练和惩戒，就能将坏习惯纠正过来。还有一种方法又快又简单，那就是将孩子推给医生，让他开几张药方，这样就省去了你大量的训练和惩戒工作。将小汤米在学校表现不好的原因归结为患有多动症，比盯着他乖乖地坐在椅子上完成作业要容易得多；给小汤米服上几片镇静类药物，比浪费掉你看《与明星共舞》的宝贵时间、监督他背九九乘法表要轻松得多。

对父母来说,药物比纪律更简便。要孩子吞下一粒药片只需要2秒钟,而为孩子建立一套完整的行为规范需要一天24小时、一周7天、一年365天持续不断的努力。许多父母懒得去建立规则,索性就给孩子服用各种药物,这等于是在说,他们压根儿就没空为人父母。

老师们也好不到哪里去——甚至更糟!一个老师管着25个小恶魔,小恶魔们心不在焉,一边望着窗外,一边挖着鼻孔,就是不听课。与其对这些孩子特别关照,纠正他们的行为,倒不如暂且把他们脆弱的小心灵放到一边,让他们站在墙角面壁思过,就像当年波曼女士对我做过的那样。有些老师还会把孩子家长请来,建议他们给孩子服用些精神类药物。

政府在这个问题上的做法更糟糕。根据马萨诸塞州行为健康研究合作中心报道的数据来看,几乎2/3的社会福利院儿童因为"行为障碍"而被施以药物治疗。在2004年的一份报告中,由得克萨斯州监察官卡罗·金顿·斯特雷霍恩提供的数据显示,在得克萨斯收养体系的监管下,60%的儿童因为健忘而被迫服用药效极强的针对精神类疾病的药物。在俄亥俄州的一系列调查发现,被医疗辅助计划所涵盖的孩子们当中,有4万名6~18岁的孩子被迫服用针对精神类疾病的药物。我还找到不少类似的例子,不过我想,你已经明白我的意思了——当我们没有太多时间花费在孩子身上时，吃药就成了纠正他们行为的最简便有效的方法。

在研究这一课题的过程中，有个问题总是反复出现在我面前：我们选择药物治疗，是因为花时间对孩子的行为进行恰当的评价和管理，不依靠药物而矫正他们的行为，这种做法更昂贵、更困难吗？假设答案是肯定的，那么另外一个问题也值得我们深思：孩子们服用的针对精神类疾病的药物，未来会对他们产生怎样的影响？我不知道。我只知道用爱和纪律来规范孩子的行为，不会产生任何对孩子不利的隐患。

读到这里，我知道有些读者会怒骂着把书扔到墙角，他的理由或许是，他的孩子就是要依靠药物才能乖乖上学，正常生活。好吧，这是你的孩子，不是我的。我只是表达了我的观点。不过，你要告诉我在上个世纪婴儿潮的时候，在美国历史上儿童比例最高的时期，父母们并没有如今林林总总的儿童药物可以依赖，他们如何解决孩子们的问题？他们如何对付孩子的多动症？答案是，父母和老师狠狠一巴掌拍在我们的小屁股上，叫我们闭嘴，老老实实坐着，集中注意力！就是这样。

更多数据

16%的美国人每天要服3种药，14%的美国人每天服药达到5种甚至更多。作为成年人，我们已经在滥用药物，现在，我们又让自己的孩子滥用药物。

我们让孩子以为,只有依靠药物才能正常而舒适地生活,这简直成了我们的生活信条。我爸爸一直认为,患上感冒只要坚持一个星期,病情就会自动缓解,所以他从来不吃感冒药,他知道7天之后,感冒自己就走了。如果你从医生那里开了感冒药,问他服下以后多久感冒会好,他的答案也是一个星期。这两种情况之间唯一的区别就在于用不用药。许多人已经把药物当做他们不可或缺的好朋友,他们靠药物维持清醒,指望药物带给他们快乐,躲避各种各样的痛苦,最后依靠药物的力量睡去。我甚至怀疑折磨我们的疾病是不是医药公司创造出来的,因为这样他们就能源源不断地生产药物,然后源源不断地卖给我们。

我们必须戒除对药物的依赖,学会控制情绪,相信自己的自愈能力。

你是不是只知道给孩子滥用药物,而没有给他建立起规范来约束他的行为?你是怎么做的?把答案详细写在下面的空白处。

8. 你为孩子树立了坏榜样

你想知道为什么孩子吃早饭的时候把面包浸在鸡蛋黄里？因为他看见父母是这样做的。你从没听说过面包浸鸡蛋？知道为什么吗？因为你的父母从不这么做，所以你也没有这样的榜样可模仿。

为什么有些孩子喜欢足球，而有些喜欢棒球呢？通常是因为他们的父母偏爱其中的一种；为什么有的孩子喜欢玩游戏机，而有的只喜欢去户外玩？同样的原因，他们的父母喜欢玩游戏机，或者喜欢户外运动。孩子们往往把父母当做榜样去模仿。

最近,我听到几个小学老师的讨论：为什么小孩子有时会模仿色情电影中的场景？他们怎么会懂得这些？因为父母在家里播放这种电影，被他们看到了，他们就以为这些都是可以接受的行为。对他们来说，模仿这些行为无所谓对错，他们模仿的都是通过正常渠道看到的场景。

大人们想方设法逃税，并引以为傲，孩子们在小测验里作弊,同样引以为傲;大人们因为服务员多找了1美元而沾沾自喜,觉得自己占了大便宜,孩子们看见小伙伴的钱丢在桌子上,就悄悄拿来装进自己的口袋,同样沾沾自喜。

几年前有这样一则广告,说的是一个十几岁的孩子吸大麻的时候刚好被父亲撞见。父亲怒不可遏地责问儿子:"你从哪儿学的这一套?"孩子镇静地望着父亲:"从你那儿。"顿时,父亲的表情就像被人狠狠踢了一脚似的,但是事实就是这样,在孩子眼中,父母所做的一切都是可以接受的,可以去模仿的。

还记得哈里·查平的歌曲《摇篮里的猫》吗?它讲述的是这样一个故事:一位父亲忙得没有时间陪伴儿子,就算儿子再三请求也无济于事。渐渐地,儿子长大,父亲老去,他们的角色完全反了过来,父亲希望儿子空出时间陪陪自己,儿子却用父亲一贯的借口来回敬父亲。歌词中有这样一句:"电话挂断时我明白了,他就像当年的我,我的儿子就像当年的我。"

你是不是那种"只言传,不身教"的父母?你是怎样做的?把答案详细写在下面的空白处。

_____

_____

_____

孩子做错事的8个原因

1. 父母允许他做错。
2. 做错后没有惩罚。
3. 你让孩子以为自己与众不同。
4. 你让孩子成为你生活的中心。
5. 人人都觉得自己理应享有特权。
6. 你竭力想给孩子一份自尊。
7. 你懒得解决问题,只知道给孩子滥用药物。
8. 你为孩子树立了坏榜样。

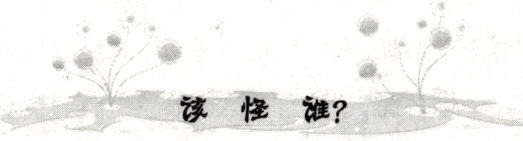

怪你。怪我。怪我们大家。

孩子是在你眼皮底下变成这样的,不是吗?到目前为止,我想我的观点已经表达得很清楚,不过在开始新话题之前,我们还是就当前问题再多说几句。

第一章　发生了什么?

在爱荷华州的一辆小学校车上,孩子们正叽叽喳喳地讨论"暗杀奥巴马"的话题。你觉得他们的谈资是从哪里听来的?当然是父母那儿。他们听到这些话从父母嘴里说出来,便认为是可以接受的。

当你看见一个3岁孩子在饭店里尖叫疯跑,让其他客人不胜其扰时,第一反应也许是讨厌这个孩子。我就常常想抓住这样的淘气包,狠狠教训他一顿!可是,这真是孩子的错吗?当然不是。错在于他的父母。一个年仅3岁的孩子完全能管得住,他的父母有责任管好他。

当你在电视上看见布兰妮·斯皮尔斯像个白痴一样,干出些幼稚、不经思考、危险而又不负责的蠢事时,你一定会对她大加责备。我也曾脱口而出:"简直是个傻子!"但仔细想一想布兰妮那些愚蠢的所作所为到底该怪谁?当然是她的爸爸妈妈。

帕丽斯·希尔顿到处鬼混,不穿裤子的照片满天飞,她甚至因为醉驾进过监狱。在一次电台采访中,她这样评价自己的醉驾事件:"小菜一碟。"我们当然可以谴责她的荒唐行为,但是她的爸爸妈妈显然没有告诉她这些行为是不能被社会接受的,尤其对一个时时刻刻生活在媒体镜头前的名人来说更是不行。他们一定没有告诉女儿,醉驾绝不是"小菜一碟",而是非常严重的事件。是的,帕丽斯第一次做出这种荒唐事时,也许只是个十几岁的叛逆少女,想方设法出风头,自我表现——这是行为不端的一个极好借口。如果我是她爸爸,我绝不会允许类似情况出现第二次。帕丽斯甚至还有一段性爱视频在互联网上疯传。难道她父母没告诉过她,男朋友拿出摄像机要拍下你们做爱的过程,这绝对不是什么好事?为什么她爸爸不找到那个男孩,揍得他满地找牙?我知道,我知道,反对暴力!对不起,但那是我的女儿啊!有些男孩子就是欠教训,有些人甚至觉得性爱视频只是一个噱头,会增加帕丽斯的社会知名度。虽然这办法的确奏效,但若是真的靠这个来吸引公众眼球,那就未免太恶心了。

  金·卡黛珊的父母同样忘了告诉女儿,当心手持摄像机的家伙。我猜她那奥运冠军的继父布鲁斯·詹纳和她那自我中心的母亲太忙于炫耀自己的成就,忘了将这些事解释给他们不懂事的小女儿听。也许他们根本是在上演一场电视真人秀,那我们就只好拿他们取乐,好好嘲笑这一家子的愚蠢生活了。

  这些小姑娘的父母们允许她们自己制定生活规则,设定自己的底限,但是从事情结果来看,她们做得并不好。我敢说,她们的父母对女儿拍摄性爱视频和照片以及被关进监狱感到难过、遗憾和窘迫,但我更相信,在他们看来,这些事会发生都是因为身为名人的女儿被狗仔队利用了,而不会觉得自己没有尽到做父母的责任——把过错归咎于别人总比自己承担责任要轻松得多。

有些读者也许会说:"拉里,你谈的都是成年女性。"没错,她们是成年女性,但行为不端的种子在她们心中生根发芽的时候,她们可都是小女孩。

当你看到那些名人的孩子干出各种匪夷所思的荒唐事时,往往不会想到把责任归到他们的父母身上,而实际上责任最大的恰恰就是父母。他们本该管好孩子,可是却没有,他们没有告诉孩子身为名人应该怎么做。我想,当孩子能为他们赚到上百万美元时,要他们告诫孩子注意检点恐怕会很难吧。

我可不管你的孩子名声有多大。你是父母,你就应该管好孩子的所作所为。就连奥巴马总统都要求女儿们叠好被子。我敢打赌你没有这样要求过你的孩子,对不对?

我们讲到的规则适用于你的孩子、你孩子的小伙伴和你在公共场合看到的所有孩子。**请记住,孩子缺乏管教,是因为父母没有加以管教。**

第二章 教育的 5 条基本原则

第二章 教育的5条基本原则

教育的5条基本原则：

1. 沟通

2. 参与

3. 教育

4. 纪律

5. 惩罚

教育孩子有这样5条基本原则。许多父母已经做到了这5条，但仅仅做到是不够的，还要看你做得如何。只有做得好，你才能培养出优秀的孩子；如果做得不好，那么后果不堪设想；如果你没有好好掌握这5条原则，那么你的孩子将缺乏教养、与人疏离、目无法纪、不善沟通——也就是说孩子必须要受到点惩罚了。当你把这5条做好，你的孩子自然会聪明、积极、遵守纪律、善于沟通。

你希望是哪种结果？还是那句话，全凭你的选择。

第1节
沟通的原则

总的来说,我们还是拙于沟通的。我们巴不得别人能读懂我们的心思,体察我们的感受,明白我们希望什么,想要什么。我们从不对爱的人说爱,也不对讨厌的人说讨厌。我们从来不说,也从来不听。如果我们只是不知道如何表达倒也罢了,更麻烦的是,就像政客一样,许多人根本就不愿意开诚布公,他们担心别人会趁机伤害自己。

沟通需要学习

你会坦诚地告诉你的伴侣你有多爱他吗?如果你经常听到你的父母这样说,很可能你也会自然而然地对你的伴侣这样说。

你会允许朋友伤害你的感情、误解你,而你既不为自己辩解,也不告诉朋友你不喜欢他这样对待你吗?如果你这样做,很可能是因为小的时候你看到别人这样做。

如果什么事情让你不高兴了,你会咆哮、尖叫而不是心平气和地讨论解决办法吗?

当别人与你争论某个问题时,你会转身逃走,避免与对方发生语言冲突吗?

当你受到某些人的恶劣对待时,是忍气吞声,还是大声申诉?

坐在桌边吃早餐时,你是不是只顾低头看报纸,根本没在听伴侣说话,直到吃完饭,你都不知道他究竟说了些什么?

你参加派对时,会不会独自一人站在角落里,只因为你不知道该如何加入别人的谈话?

我相信上面这几条至少有一条说中了你的真实情况,我更相信,当你怀疑自己有没有良好的沟通能力时,会想起更多场景来。在你评估自己沟通能力的同时,我要提醒你留意,沟通技能会遗传给孩子。

孩子从家庭中习得的沟通方式,决定了未来他与社会的沟通方式。

学会和家人聊天

沟通从聊天开始。我这一辈子都在和别人聊天,各种事物和话题都能成为我的聊资,只要是太阳底下发生的事,我都会发表一番见解。我最擅长这个。

我妻子总觉得我说话太多,我的两个儿子多少年来一直希望我能闭嘴,但我喜欢说话的习惯是从小养成的。我的父母都爱说话,从早到晚都说个不停。我们围坐在餐桌边,滔滔不绝地聊生活琐事。他们会问我在学校里做了什么,回家的路上又发生了什么。他们向我提问,我也学着询问他们的生活,而他们也总是认真地回答我的问题。这就是"聊天"。我也经常听我的父母聊天,既为一件事争得不可开交,也向对方表达自己的爱。我的家里永远没有安静的一天,我们总是说个不停。

因此,我建议你多和家人聊天。你们要交谈,要向对方提问,要懂得倾听对方的回答,给出恰当的评论。不管是对你还是对你的家人,这样做都是有好处的。什么话题都可以谈,谈什么都不成问题,只有藏在心里不说出来才会出问题。

语法错误、滥用俚语以及诸如此类的问题

好好教教你的孩子正确使用语法。这也就是说,你自己要懂语法,会正确使用语法。可悲的是,大多数人都做不到这一点。我们的生活中到处充斥着错误的语法,在电视上、电影里、广告中、书籍里,甚至每一段日常对话里,语法错误无处不在。我向你保证,如果你的孩子不会使用正确的语法,那么他永远找不到好工作,也别想赚到什么钱。想想看,你会放心地将你的法律问题、健康问题或财务问题交给一个连话都说不好的人吗?你总是希望你的生意对象说起话来语法正确。如果一个导购员说话语无伦次,我甚至都不愿意从他那里买一双鞋。

我们的语言里同样有许多俚语和没有实际语义的助词。千万不要让孩子一开口就只有成串的俚语,以及"好像""你知道""你明白我说的""我就是这个意思"等愚蠢的词汇。如果有人问我:"你知道我的意思吧?"我通常会回答:"对不起,我不知道你说什么。"这答案总会堵得他们哑口无言。

别让你的女儿说起话来像个山野村姑,也别让她用鼻音说话。她有自己独特的嗓音,教她好好利用。不自然的说话方式既会让她魅力尽失,也会在她进入社会以后,影响别人对她的信任。你的女儿之所以这样说话,是因为她的朋友们这样说

话。你要找机会好好和她聊一聊,告诉她这样不好。用录音机录下她的声音,让她自己听听。她多半会这样反应:"哦,上帝,我简直不能相信这就是我的声音!"如果她只是莫名其妙地看着你,根本不知道你想说什么,那事情就更麻烦了。你得给她举几个正面的例子——她喜欢的电视偶像也好,生活中崇敬的人也好,总之让她明白正确的说话方式应该是什么样子的。

沟通的第一步就是:学会聊天。

沟通的第二步是:倾听——"他说了些什么?"

学会倾听

如果说沟通是一个等式,那么"说"只是等号的一边,你还必须学会倾听对方说些什么。既然倾听是你想要孩子学会的一项最重要的技能,那么在抚养孩子的过程中,倾听孩子的声音也是你必须具备的技能。多数孩子就是因为觉得父母根本不听他说话,才对父母闭上了嘴巴。可悲的是,孩子的感觉完全正确!父母们总有一大堆忙不完的事情,根本没时间听孩子发表意见。当然,把手头的事情做完绝对是做父母的权利,甚至是义务,对此我毫不怀疑,但我也相信,听孩子说话同样是你的义务。孩子说的你必须同意吗?当然不是。孩子说的你必须听吗?没错——只要你希望孩子能一直乐于与你交谈。一旦感觉到自己说的话没有人听,那么任何人都会闭上嘴巴,不再多说。同样的,如果你希望孩子开口对你说话,和你谈谈他的朋友们、学校里发生了什么事、性、宗教、吸烟、健康、钱以及他生活中发生的一切,你就必须乐于倾听。就算你不能同意孩子所说的每一句话,但至少你认真地听了。这就叫做"尊重"。通过倾听,你表达了对孩子的每一句话和每一种观点的尊重,同时也教会他对你的每一句话和每一种观点表示尊重。你在说,而他在听;接下来,他在说,而你在听。这就是完整的有效沟通等式。

教会孩子倾听的办法之一,就是当别人说话时,告诉他不要插嘴。同样的,他说话时,你也不要插嘴。这是礼貌问题,是尊重问题。你不一定尊重他所说的内容,但你要尊重说话的人,耐心倾听。

有一个办法,可以让容易分心的孩子集中注意力听你说话,那就是让他重复你刚才所说的内容。首先清楚地告诉他你希望他做什么,然后让他重复你的话,确定他是不是真听懂了。从小养成孩子的这种习惯,会让他树立这样一种意识:你的话是有分量的,你希望他能仔细倾听。就算你的孩子已经长到十几岁了,这仍然是确定他有没有听懂你的话的有效办法——他并不一定同意你——只是要理解你的意思。

关于说和听,我可以整本书只讲这两个话题。也许有一天我会专门写这样一本书。现在,我只想从"如何沟通"这个话题转移到下一个:"沟通什么"。就算你知道自己的语法很烂,没法让别人理解你的意思,又拙于倾听,你也要尽你所能,将生活中最重要的一些事情告诉你的孩子。

表达你的爱

你希望孩子对自己满意吗?希望他能自信满满吗?希望他有问题、有心事、感到恐惧时能欣然向你求助吗?那就无条件地向他表达你的爱吧——**注意,重点是"无条件地"**。作为父亲,我总是尽我所能,向孩子们表达我的爱,即使我对他们的所作所为感到失望,但我的爱却不会因此而改变。你要把这一点向孩子解释清楚,让他明白:当你对他的行为失望时,并不代表你不再爱他了。我看到过有的父母因为孩子的某些行为就收回他们的爱,有的父母对孩子的做法不满意,就告诉孩子他们不再爱他了。我听到过一位母亲说,因为儿子的所作所为让她受不了,所以她不再认这个儿子了。就因为孩子行为不端,父母们就要收回他们的爱、亲情和对孩子的关心,这真是再可悲不过的,即便是我这个旁观者都感到痛心,孩子更是不会明白,为什么仅仅一次过错,本该属于他的爱,尤其是来自父母的爱,就这样消失了。

你爱孩子，仅仅因为他是你的孩子——你赞美孩子才是要看他表现得如何。请理解这二者之间的不同之处，学着将它们区分开来。

孩子非常需要被人接纳。他加入帮派、各种俱乐部、小团体和联谊会等，就是希望找到被接纳的感觉。你要让孩子知道，他永远都拥有你的爱，永远都被你接纳。让他知道你永远不会将你的爱收回，更不会将它当做筹码来控制孩子。

如果你能让孩子明白这一点，那么在此基础上建立起的感情将永远不会改变。

有的人也许会这么说："我的孩子知道我爱他。"孩子怎么知道？因为你给他买东西？因为你为他提供庇护所和食物？有的父母认为这就足够了。不是的。你必须把爱说出来。你必须让他注意听，看着他的眼睛，告诉他你爱他。他小的时候你要说，他长大后你也要说。我的儿子已经长大成人了，可我还是会说我爱他们。我的爸爸离世之前听到的最后一句话是我说的："我爱你，爸爸。"他说的最后一句话是："我也爱你，儿子。"这番爱的表达对我来说意味着一切。我为那些把爱藏在心里说不出口的父母和孩子感到遗憾。不要以为孩子会通过你的行为知道你爱他——你要说出来。

说出你的期待

孩子们总是把一切都弄糟,他们最擅长这个。我总能看见孩子们留下的残局,相信你也一样。很多年来我一直忍受着儿子们造成的烂摊子,但有时候我也意识到,孩子们之所以会把事情搞砸,是因为他们不知道怎么做才更好。事情通常都是这样的,孩子们做错事,是因为没有人告诉他们怎么做才对。作为父母,我们总是对孩子有所期待,却总是没告诉他我们期待的是什么,结果孩子就让我们失望了。所以,孩子们把事情搞砸,实在是我们做父母的错,错不在孩子。

你带孩子去百货商店的时候,希望他能表现得规规矩矩吗?出门以前,你有没有告诉孩子你希望他怎么表现?还是像大多数父母那样,二话不说就带孩子去了百货商店,当孩子没能按你希望的样子表现时,就公然对他大喊大叫、厉声呵斥,甚至狠狠一巴掌拍向他的屁股?其实,事先把你的期望对孩子说清楚又有何难呢?

你带孩子去饭店时,希望他能安安静静地坐在饭桌旁,举止得体吗?你事先把你的期望同孩子讲了吗?在出门之前,你教过孩子怎样的举止才算得体吗?

你希望孩子见到陌生人能面带微笑,主动问好,看着对方的眼睛回答"是的,先生",大大方方地同对方握手吗?我儿子小的时候,我很希望他们能这么做,所以,每次带他们去见陌生人之前,我都会提前告诉他们应该怎么做。我会给他们详细解释,亲自示范给他们看,清楚地告诉他们我希望他们怎么表现。

你必须事先清楚地告诉孩子你希望他怎么做,这样对孩子才公平。相反,突然让孩子置身于一种陌生的情境中,不给他提供任何信息,然后因为他没按你期望的方式来表现就狠狠地惩罚他,这对孩子是最不公平的。

记住,你面对的是孩子——不是心理学家!他没有办法读出你的心思。如果你希望孩子这样表现,那就告诉他,教会他,让他知道如果不这么做会有什么后果。

讲清行为的后果

对孩子说出你的期望的同时,你也要讲清楚如果他照办了会怎么样,不照办又会怎么样。**让孩子明白后果,这一点非常重要。**

讲清后果,对孩子才公平。事先什么都不说,等孩子把事情搞砸就让他自食其果,才是最愚蠢的做法。可是,我们每个父母都这么做过。想让孩子好好表现,就清楚地告诉他,同时把后果也一并讲清楚。

所有的行动都有相应的结果。就算没有行动，也会出现一种结果。这是你要教给孩子的重要一课。

上大学的时候，我修过一门课程叫逻辑学。其中有这样一条逻辑我非常赞同，那就是"如果A，那么B"。它的意思是，如果你这样做，会引起那样的后果；如果你不这样做，又会引起另一种后果。知道我为什么会喜欢这条逻辑吗？因为它生动地说明了"种瓜得瓜，种豆得豆"的道理。我很想把这条逻辑叫做"拉里逻辑"，不过恐怕太晚了。

这种逻辑其实非常接近一条物理学原理："每一个作用力都有一个大小相等、方向相反的反作用力。"

我同样非常喜欢这条物理学原理。将以上这两种说法糅合在一起，我们就能得到因果法则，根据维基百科的解释，也就是说一件事（原因）与另一件事（结果）之间的必然联系：结果是由起因直接引起的。

可惜的是，社会上许多人都以为可以避开这条真理。他们总是不相信他们的现状与之前的所作所为有什么关系。

举个例子，银行将你的房子收回了——这是因为你没有还清贷款，也就是说你明知道自己负担不起，还虚报收入，靠着这份与你实际收入完全不符的虚假收入证明向银行贷款，买下一座大房子；也就是说你是个缺乏诚信的骗子；也就是说你的房子被收回完全是因为你没有信用;也就是说你的行为导致了今天的后果。你纯粹是自作自受。

你必须把这条真理向孩子讲明,当然,要用以孩子的年龄和理解水平能够明白的方式讲明。你必须把孩子的行为可能引起的后果解释给他听,因为作为孩子,他根本无法预料到自己的行为会引起什么样的连锁反应。

如果你醉酒驾驶,就可能出事故,丢掉驾驶执照,甚至有可能让别人或自己丧命。不管你信或不信,孩子并不能把因和果联系起来。他看不到自己的行为产生的后果,他只活在此时此刻。因此,把行为的因果关系向他解释清楚,这是你作为父母的工作。你要把事情摊开来给他看:"如果你这样做了,会产生这样的结果。"

因果关系非常简单,就算是两岁的孩子也能理解。"如果你乱动这个,把它弄坏,你就有麻烦了。""如果你拽小猫的尾巴,它就会咬你,把你抓伤。"

你把"如果A,那么B"的逻辑告诉孩子以后,就能改变他的行为方式吗?有时会,但有时不会。有时候他还是会拽小猫的尾巴,被猫爪子抓出道道伤痕。这是件好事,是一堂生动的教育课。他早早地从你这里学到了因果关系,代价只是被小猫抓伤,这总好过他长大以后,付出更沉重的代价才明白因果关系。

不要隐瞒事实

人们总是这样对孩子说：你想做什么，就一定能做成。但这并不是事实。你不该这么对孩子说。为什么呢？因为这根本不可能。别再对孩子说他想做什么就能做什么。真正的情况是，他想做什么，必须要有相应的天赋，并且愿意付出艰苦的努力，让自己有能力将这种天赋挥洒自如。这才是基于事实的说法。这种说法也许不如童话动听，也不如"你想做的就一定能做成"来得响亮，但这才是事实。

如果你的孩子一心想去NBA打球，但他只有5.6英尺高，那么他的目标永远都无法实现。不要告诉他"只要想去做，就一定能成功"，这根本就是谎话。

假如你的孩子没有音乐天赋，连音调都找不准，那么他永远都无法成为一个专业的歌手，饶舌歌手也许还能试试。千万别鼓励他去参加下一季的"美国偶像"海选，那无疑是推他走向失败之路。

不要让孩子抱有错误的希望，不要强化孩子不切实际的想法。你要根据孩子的天赋，鼓励他朝着切乎实际的目标，全力以赴，努力奋斗。让孩子明白，只要想做，就一定能够成功——只要他拥有这方面的天赋和实现目标的强烈愿望，愿意付出艰苦的努力。尤其是最后一点绝对不容忽视——想要达成目标，不下苦工是不行的。

我一直都想成为一名兽医。从我还是小不点儿时就怀着这个梦想，直到进入大学。我喜欢动物，从小生活在农场里，我身边到处都是各种披着厚厚毛皮或轻盈羽翼的动物。我喜欢喂养它们，照顾它们，我全心全意地爱着它们。我很聪明，在学校功课也不错，于是我逢人便说：将来我会成为一名兽医。我有这方面的天赋，也有浓厚的兴趣，只是……当我进入大学，上过第一堂微积分课以后，我立刻就发现自己并不想成为兽医。虽然我有天赋和兴趣，但我并不愿意为了达成目标而努力。我并不想玩命地学习这方面的知识，不想花上几年工夫，在学校里学习成为兽医必备的知识。我当然可以这么做——但我发自内心地不乐意。这二者是完全不同的。

请将关系到孩子未来的事实真相原原本本地告诉他。

天赋+兴趣+艰苦努力=梦想变成现实。

等式左边的三要素缺一不可，否则结果就完全不同。

坦诚沟通——就算事实很残酷

我从不相信谎言。如果妻子问我："我穿这条裙子屁股显得大吗？"我一定如实相告。如果不想听实话，她是不会来问我的。如果她试做一道新菜请我品尝,问我:"你觉得怎么样?"我也会如实相告。实话会伤害她吗?有时候会的,但早在许多年前我们就已经达成共识:如果你不想听实话,那就不要来问我,你会觉得我的回答既愚蠢又残酷,反过来,我对你的问题也有同感。我的妻子现在仍然认为我不会写作,也许你们许多人同意她的看法。以前,我写的东西总会拿给她看,而她总是痛快地告诉我我写的是垃圾。就算我接连出版了几本畅销书,她还是对我说她不喜欢我写的东西。我喜欢这种回答吗?当然不。但我乐意听到这样的回答,因为我知道她说的是实话。我将诚实视为所有品质中的第一位,就算有时被诚实所伤,我也初衷不改。

我和儿子们之间也建立了这种坦诚关系,那时他们还很小。如果他们做了什么事情后来问我的意见,我一定会说实话。不过,我发现最好的方法是先让他们自己评说自己的行为——如果他们觉得不怎么样,而且事情真的不怎么样,我只要同意他们的看法就好;如果他们觉得不好,而我却认为他们做得棒极了,这时我的意见对他们而言就弥足珍贵。话说回来,如果他们自认为做得不好,而事情的确做得不够好时,我知道自己绝不会用好话来蒙蔽他们,否则,孩子会对"良好的行为"产生一种错误认知。我常常听到父母对孩子说,某件事他完成得多么棒,但很明显,事实并非如此。父母这样做无异于将孩子推上失败之路。看看在"美国偶像"海选初期被刷下来的那些孩子吧,他们的妈妈无数次向他们保证:他们将来会成为下一个猫王艾尔维斯。可评委对他们说了实话:他们根本不行。孩子们根本无法理解,他们哭着走出演播室,冲着镜头说:"这不是真的,评委错了。我知道我能唱的,大家都说我能唱!"他们跑出去,把评委的话告诉妈妈,于是妈妈对儿子遭受的待遇表现出极大的愤慨。实际上,妈妈最应该感到惭愧——只要长了耳朵,任何人都知道她的小宝贝不会唱歌,所以她根本不该让儿子经历这样的尴尬!她说儿子可以唱,全是因为她爱儿子,也希望他知道这一点,所以她撒了谎。接下来,这谎言将儿子置于他根本没必要经历的痛苦当中。

那么,我的观点残酷吗?如果你是溺爱孩子的父母,孩子做什么你都觉得好,那么你一定认为我残酷。可是,如果你也希望孩子对自己的能力有客观的认识,能够坦然接受现实,做得不好时能够自知、自我批评,那么你就会同意,对孩子坦诚是最好的办法。坦诚可能会带来伤害,但没有比坦诚更好的办法。

有选择性地说明真相,或是干脆不把真相说明,暂时可以保护对方脆弱的神经,但从长远来看,这么做一点儿好处都没有。但这是否意味着,你可以按自己的方式,直接告诉对方他做得很差劲?当然不是。那才真是残酷。可是有些人一领会了我的意思,就立刻将它演绎到最极端,说我对小孩太刻薄。冷静点儿吧,伙计们,用用你们的脑子。

当你与孩子建立起一种开放、坦诚、充满爱意的关系,他知道你一心希望他事事都好,这时说出实情并不会伤害他那颗小心脏。所以,问题的关键在于你首先要与孩子建立起开放、坦诚、充满爱意的关系,这样一来,真相就不再具有杀伤力。

我坚信,我的两个儿子之所以能有今天的出众,是因为我一直对他们说实话,就算这实话很伤人。这样做最大的好处是,我们之间会建立一种信任。我的两个儿子知道,如果他们想听大实话,唯一的办法就是来问我。朋友和其他家庭成员可能会微笑着,摸摸他们的头,不住地夸奖他们有多棒,他们的决定有多明智,只有从他们老爸我这里,他们才能听到心里话。身边有一个不喂他们糖块的人,坦白地说,"儿子,你把事情搞砸了",对此他们从心里感激。当然,听到我这诚实老爸说,"儿子,你干得真棒"时,他们也非常享受。

言不由衷的夸奖会让你得到片刻的飘飘然,但真诚的夸奖则让你受益终生。你的孩子非常聪明,分得清楚你是不是诚恳的。如果他想听实话,但你只会说他有多了不起,那么要不了多久,他就不再信任你,不再需要你的任何意见。

孩子喜欢真诚。孩子也尊重真诚。如果有人为他树立起真诚的榜样,那么他也会去效仿真诚。

对孩子说你永远在他身边

孩子想要知道,生活中有些东西是永远不变的。我想他非常需要得到这种保证。也许正因为如此,有些人才会有那么强烈的宗教信仰——他们希望有些事情是永恒的,不会改变的。

孩子想要知道,父母永远在他身边。这倒不是说孩子希望父母永远赞成他的所作所为。不,孩子比你想象的聪明得多。他想知道的是,无论他做了什么,你都会和他站在一起。赞成他的行为不是最重要的——最重要的是支持他。

小的时候,我父亲总是很清楚地告诉我,不管我在外面惹了什么麻烦,都可以随时给他打电话。他对我说,不要打电话给朋友,不要打给任何人,打给他,他保证会及时赶来帮助我。等事情结束后也许他会惩罚我,但在此之前最重要的是他会在我身边。

我刚学会开车的时候,第一次载一个女孩子出去约会。那时我还是个十几岁的孩子,荷尔蒙旺盛,我们吃过晚餐去看电影,然后又去公园兜风,准备回程的时候,汽车却怎么也启动不了了。我害怕极了,甚至都不知道怎么让汽车调头。我对汽车其实知之甚少,那一刻更是脑袋一片空白。女孩也吓坏了,不知道接下来该怎么办,更害怕会被她父母发现。我对这个问题也很担心。于是我告诉她,我要给我父亲打电话。她求我千万别打,不过我向她保证绝对没问题。很幸运的是,我们抛锚的地方离公园池塘边的房子很近,房子的外墙上有一部付费电话。于是我跑过去,给父亲打通电话,告诉他我在哪儿,我的汽车启动不了。他告诉我他马上就到。20分钟后他到了,钻进我的汽车察看情况,还向女孩说了声"你好"(女孩把脸深深埋在手里,我敢说她都快要窘死了)。接着他走出车外,打开前盖。我走过去帮他,等女孩看不见我们时,他轻轻对我说:"你回到车里,我帮你发动,马上就可以了。你把这女孩送回家吧。"我回到车里,把女孩子送回了家。后来父亲再也没有提起过这段小插曲,他不想让我和那个女孩难堪。他也用行动证明了他的确值得信任,任何时候我都可以打电话给他。

我始终记得这件事,也把同样的承诺给了我的两个儿子。他们知道如果遇到麻烦,需要打电话求助时,他们可以打给我。他们也的确这么做了。有几次我在半夜接到电话,开车去接他们。他们的朋友总叫他们别给我打电话,可他们总是会打。他们知道我会来帮他们解决问题,也知道稍后他们会受罚,但首先我会赶去,把麻烦搞定。

你要让你的孩子知道,不管遇到什么麻烦,他都可以向你求助。也许你不赞成他的做法,甚至连你也搞不定他惹下的麻烦，但你会第一时间赶过去。你要成为孩子永远可以依赖的人——一个永恒不变的支柱。

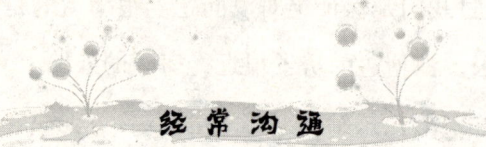
经常沟通

经常性的沟通，它的作用是无可取代的。可是，根据最新的统计，父母平均每周只花三分半钟与孩子进行有意义的沟通，也就是每周210秒，平均每天30秒。想知道为什么孩子会变成一团糟吗？因为我们根本不同他讲话。每天真正腾出一些时间来，和孩子说说话吧。当然，沟通的时间只是一方面，最重要的还是沟通质量。

"你根本不理解，拉里，我们平时都很忙的！"

你说得太对了，我是不理解。我不理解为什么有人会忙到这种程度，竟然没有时间和自己的孩子说话。我和我儿子的母亲离婚了，周一到周五，儿子们和母亲生活在一起。他们也和其他孩子一样，忙得很——踢球、会朋友、参加学校活动，还有许多孩子们的事情。可就算我只能和他们共度两天周末，我也会天天和他们沟通。我会给他们打电话，聊他们的生活。我会告诉他们我有多爱他们。我会向他们提问，听他们说话，并适时给出建议。即便我们不生活在同一座城市，我每天也会花时间和他们相处。所以，别再告诉我你有多忙。如果孩子对你真的重要,那么不论多忙,你都能找出时间来。

每当我收到读者来信,说他17岁的孩子不愿意和他说话时,我都会非常惊讶。如果这些父母能好好回顾一下过去,就会发现早在孩子5岁时,他们也不和孩子说话。建立起对话的习惯是培养亲子关系的一部分,所以,每天你都要找时间和孩子说话。我会在车里和我儿子说话,因为每周我都会开很长时间的车,把儿子从他们妈妈那儿接回来,稍后再送回去。平时我会给他们打电话,在他们睡前花时间陪他们,在用餐时间和他们聊天。没错,我们在一起吃饭。你也应该试试。别找借口,你能找到时间来做这些事。

要记住,你的时间、精力和金钱都要花在真正重要的地方。我曾在《你让自己破了产》一书中讨论金钱的时候讲到过这一点。我让读者们去统计钱都花在哪些地方,这样就能看出对他们最重要的是什么。我想告诉他们的是,通过花钱的倾向性,他们可以知道什么事情是他们优先考虑的。

同样的原则也适用于你的孩子。计算一下你的时间,看看你真正花在孩子身上的时间有多少。如果你花的时间并没有多少,那么很可悲,他对你来说并不是最重要的。噢!听起来太伤心了,是不是?但这是真的。如果孩子对你真的重要,那么你无论如何都有办法腾出时间来,与他交流。就是这样。

用父母对孩子的方式交流

这点很重要。你不是孩子的伙伴、兄弟、永远的好朋友。你是他的父母！要像个父母的样子,不要用孩子好朋友的方式和他说话。他需要的不是这个,他甚至也不希望这样。他希望的、需要的是父母！他希望你有明白的是非观,可以给他一些指导。他需要你的肯定,甚至也需要否定,也许你无法相信这一点。他希望你能像父母应该做的那样,告诉他该做些什么!

现在我和我的儿子是朋友,但前提是我的儿子已经长大了。我们像朋友一样讨论许多话题,比如政治、经济、历史、宗教、世界大事、电影,一切的一切,凡是朋友之间会聊到的话题,我们都会聊。就算这样,在某些话题上,我们仍然不会以朋友的关系讨论,我一定会是他们的指导者。我比他们年长,经验丰富,作过明智的决定,也吃过不少亏,吸取了不少教训。我可以把我的经验传授给他们,根据我自己的经历,告诉他们应该怎么做。也就是说,我是他们的父亲。

多多交流你的失误

你并不完美,所以,不要假装完美,要承认你的失误。如果你矫枉过正、惩罚措施不公正、该冷静的时候却大呼小叫,当你一认识到这些问题就应该立刻停下来,向孩子承认错误,道歉。那些好像他们永远都对、从不犯错的父母自以为有权威感,但很快他们就会失去孩子的尊重,而那些愿意承认错误、懂得及时认错的父母会赢得孩子的尊重,建立起孩子对他们的信任。

当你生意做砸了,和朋友闹矛盾了,你的孩子都会知道。你可以利用这个机会,把你的错误拿来与孩子交流,让他知道你只是个普通人。优秀的人从不掩饰错误,你要让孩子学会认错,让他学会向朋友、老师、教练和自己的家人认错。

一般来说,你做错了事瞒不过孩子的眼睛,所以你最好承认。一次,我正在就一个话题慷慨演讲,滔滔不绝,我的儿子泰勒转过头来对我说:"爸爸,你真该听听你自己的演讲!"接着就走开了。我真懊恼。我懊恼是因为他对了,我错了。他知道我讲得很失败,我的孩子什么都清楚。作为成年人,我还是承认吧。承认错误,孩子会尊重你。

第 2 节

参与的原则

一般来说,孩子从学校放学回家,就会一头扎进房间里看电视、玩游戏,或者写作业。他也可能从学校直接去朋友家里,然后看电视、玩游戏、写作业。父母回到家里,则一屁股坐在沙发上看电视。谁都不会多看谁一眼,父母很少和孩子一起吃饭。随着孩子一天天长大,问题也一点点加深。

很多时候,父母并不知道孩子的生活中发生了什么事情,更是很少参与到孩子所做的事情中。

就因为这样,有的孩子藏了满满一车库军械枪支,而他的父母却完全不知道。父母对孩子完全不关心,他们根本没有参与到孩子的生活中去。

你要在孩子的生活中占有一席之地。你要知道他喜欢什么,讨厌什么;要对他的天赋和技能了如指掌;要了解他的朋友;要认识他的老师;要和他聊天,知道他的感受如何,想法如何,否则,你的孩子迟早与你形同陌路。

> **拉里法则**
>
> 要知道你的孩子在做什么,在哪里做,和谁一起做。(最好你能抽出时间,跟他一起做事,成为他团体中的一员。)

如果你没有参与到孩子的生活中去,那就等于你将教育孩子的重任随意交了了别人。你对孩子放手不管,他就会转向别人寻求指导——朋友、老师、朋友的父母或者电视节目。让别人教育你的孩子,你放心吗?不放心?那就多参与吧。

让孩子多多参与

你的孩子也要参与进来。他要参加各种体育运动和社会活动。我自己不太擅长体育运动,小的时候又瘦又小,踢不了足球;个头太矮,打不了篮球;跑得太慢,打不了排球。不过我擅长说话,做所有的事情我都会运用这个特长。我参加辩论比赛和演讲比赛,也组过乐队。没错,伙计们,拉里·温格特也组过乐队。不管怎样,我参与了。我的父母都看见了。不管我参与什么活动,我的父母也会跟着参与进来。不管我做什么,他们总在身边为我加油。他们永远在场,以自己能做到的各种方式来支持我。

我的经纪人兼朋友维克的孩子非常优秀。我们相识了15年,我们几乎是看着对方的孩子长大的。维克是个事事都参与的父亲。有一次他对我说,他的孩子根本没时间犯错,因为他的生活总是充实忙碌。这是个好主意——让孩子的生活充实起来。

你可以过分参与吗?

没错,在参与和过分参与孩子的生活之间,是有一条界线的。你要让孩子有一定的独立性。当然,这并不是要你对孩子放手不管,或者对他做的事情不闻不问,只是你不可能事事都参与,否则你会变成多管闲事、干预过多、过度保护的父母,你的孩子只会对你越来越愤恨。你这样做无异于将孩子从你身边推开,相信这一定不是你希望看到的。你希望的是孩子知道你关心他,知道你在任何情况下都会站在他身边;你希望不管自己在不在场,孩子都知道该如何表现,该怎样选择;你希望孩子有责任心,顶天立地,无所畏惧,就算失败了,你也会在他的身边。

我有一个邻居,他在大街当中竖了一块标志牌"慢——有孩子玩耍"。每次有车开过,他都会从院子里冲到马路边,拼命挥着双手,示意司机减速。有一次,我停下车来对他说,我在这条公共马路上已经开到了最低限速,用不着他再来告诉我减速。我还告诉他,他的标志牌挡住了我的路。他说:"可是我的孩子经常在这儿玩!"我说:"你有责任教育孩子在院子里玩,不要到大街上玩。让孩子在院子里玩就不会有危险。"这就是过度保护的一个典型例子,这位父亲试图控制全世界来为自己的孩子让路,而不去看管好自己的孩子。然而,你不可能让全世界都围着你的孩子转,你必须教会孩子如何适应外面的世界。

我还有一位邻居,她的两个儿子都已经是十几岁的大孩子了,可她还是每天送孩子们到街角去搭校车。因为校车停靠点就在我家前面,所以我常常可以看到这一幕。对于父母送孩子去校车站,我没有半点意见。如果孩子还小,而且邻居们也不太友善,那么这就是正确的行为。可是,她的孩子们都已经十几岁了,根本不需要父母去送。校车站离她家只有两栋房子之遥,她完全可以站在门廊前看着孩子们走过去,全程不过只有15秒。况且我们的邻居都是友善之人。这位过度保护的母亲只会让她的孩子们窘迫得要命。每天早上,当母亲在孩子朋友的面前拥抱他们,向他们吻别时,我都能从孩子们的身体语言和表情上读到他们内心的窘迫。你能想象两个孩子登上校车时,心里是一番什么滋味吗?放手吧,妈妈!

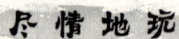

尽情地玩

孩子们一心只想玩。这无关年龄——他们就是喜欢玩。我也喜欢玩,而且我从来没有失去过玩乐的愿望和放下工作尽情玩乐的能力。我见过太多成年人完全失去了幽默感和玩乐的兴趣,他们甚至连高尔夫都不会打。出于各种原因,他们也会去高尔夫球场,可单单不是为了去玩。

不管是孩子还是成年人,都要有专门的玩乐时间。孩子们尤其需要在繁忙的日程中喘口气。他们每天都要留出专门的时间来充分娱乐。许多父母并不和孩子一起玩耍,他们让孩子自己玩自己的,因为他们实在"太忙了"。

如果父母对孩子的玩乐不加指导,那么孩子很可能会误入歧途。有的父母没有告诉孩子哪些玩乐方式是恰当的,所以孩子很容易被带坏,在你发觉之前,也许孩子已经惹上了麻烦。这样看来,你必须和孩子一起玩,同时告诉他恰当的玩法与不恰当的玩法之间究竟有什么不同。

我的两个儿子经常挂在嘴边的往事,就是他们小的时候我陪他们一起玩耍。他们还记得我把邻居家的小孩全都召集起来玩捉迷藏,一直玩到天黑。他们也记得我们在起居室里用毯子造堡垒,隔着椅子打仗。他们特别喜欢在门厅里打"袜子仗",如果你没玩过,那真是错过了非常有意思的游戏。你只要把袜子卷起来当子弹,然后去门厅里向"敌方"投掷,就可以了。袜子不会损坏东西,也不会伤到人,而且在门厅里做游戏也非常安全。我们也玩棋类游戏、纸牌游戏,表演木偶剧,还自己写剧本拍电影。我们会花很多时间进行户外游戏。我知道在某些地方做户外游戏很危险,但我还是认为,如今孩子们的许多问题都是因为在屋子里闷得太久。

有数据显示,在9~13岁的孩子中,只有6%的孩子每周都在户外玩。我觉得很难过。快把你的孩子赶到户外,让他在阳光下尽情玩乐吧,这对孩子非常有好处。

写作这本书的时候,我问儿子泰勒,我教给他的最有价值的一课是什么。他不假思索地回答:"去户外玩。"我哈哈大笑,说我是认真的,可他告诉我他也是认真的。他说他记得非常清楚,我让他和弟弟到屋子外面去玩。他们问:"玩什么?"我回答说,我才不管他们玩什么,只要去户外就可以。他还记得他们找了许多小木片和其他材料放在车库里,想要建造些什么,问我可不可以,而我从来没有打击过他们,我让他们尽情地玩,只要我不叫他们,只要没有人玩得头破血流就不用回来。我还记得我在后院的角落里发现一座晃晃悠悠的游戏屋,那是泰勒和帕特里克费尽心思建起来的,他们为自己的作品很是骄傲。如果我不许他们出去玩,他们很可能就把大把的时间浪费在看电视上了,但我强迫他们出去,发挥创造力,于是,他们建起了一座小屋!

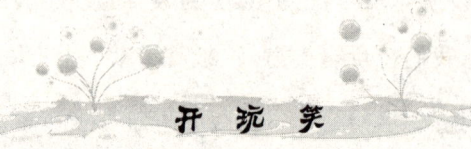

开玩笑

我和儿子都喜欢开玩笑。我们拿彼此取笑,抓住各种把柄让对方难堪。教会你的孩子不要太过严肃,这是很重要的,方法之一就是常和他开玩笑。我自己是个有意思的人,反应灵敏,伶牙俐齿。我和你开玩笑,说明我在意你。请相信这一点,如果我不开你的玩笑,那是因为我不喜欢你。看起来我像个二年级的小男孩,拽小女孩的马尾辫就表示我喜欢她。

然而,开玩笑也可能伤害别人。在善意的玩笑和恶意的贬低之间有一条明确的界线,我曾经因为跨越了这条界限而犯过许多错误,伤害了别人,但最内疚的是对我的儿子。我把玩笑开得太过火,他们也是。越过了这条界限,玩笑就会粗鲁伤人。所以,不要跨越界限。

第 3 节

教育的原则

父母的责任之一:让孩子上学

孩子需要教育,这一点没有人有异议。孩子作决定是客观明智,还是意气用事;找到的工作是称心如意,还是普普通通;孩子将来是成功,还是失败,区别就在于,有没有受过教育。

我一直相信,孩子懂得越多,就能做得越好。如果我们受过良好的教育,那么在生活的方方面面,我们都能掌握更高端的信息,作出更明智的决定。这一点恐怕没人能否认。现在的问题是,孩子们应当掌握的信息却没有掌握,所以他们无法作出好的决定。这种信息缺失几乎体现在方方面面,没有人好好教育过他们,要他们有责任心、有奉献精神、睿智明理。

第二章　教育的5条基本原则

一些实例：

每年进入高中接受教育的孩子平均只占到70%，也就是说，将近三分之一的孩子没有接受高中教育。具体到美国各州，这个比例又因地而异，有些州的比例约占到50%。当你知道这么多人甚至连高中都没有读过的时候，就不难理解为什么失业率和犯罪率会年年攀升了。

高中退学生比高中毕业生的失业率高出72%，而救济失业者花光了美国所有的钱。因此，如果你觉得这些数字与你毫无关系，那就太天真了。这些数字与我们每个人都息息相关，它耗尽了我们的收入。

只有10%的高中生的历史知识达到或超过了基本能力测试，只有26%的学生在市政学上达标。

只有31%的美国大学毕业生在英语考试中能达到"熟练"。

参加数学比赛的29个国家里，美国通常只能排到第21名。

以上这些数据只是一个缩影，告诉你在学校体系下，孩子们受到的教育少得可怜。我可以列举出更多惊人的数据，来说明孩子们受到的教育根本不够应对将来的工作。我曾在一家定期进行全球招聘的公司做过调查，有位招聘负责人曾对我说："要想招到技术过硬又有素质的员工，我根本不会去美国的大学校园里浪费时间。"

这些数据是铁一般的事实,充分说明了我们国家教育不当的悲惨现状。可是,我将这些数据列举出来并不是为了控诉学校体系,那是再容易不过的。况且,还有许多孩子进入了公立学校,受到了良好的教育。我认为不能把错误全部归于学校体系。虽然看上去是学校体系贻害了我们的孩子,但究其责任终归还在于父母,是他们没有把孩子应该了解的东西灌输给孩子,没有告诉他们如何才能成功、健康、富裕。

还有一点,我相信只有在家里受到管束和支持,孩子才能在学校表现得好。我相信在这样的家庭里,父母必定十分重视孩子的教育,必定鼓励孩子要时时处处表现良好,必定对孩子的教育亲力亲为。很多时候,孩子在学校里有出色表现是因为父母给予了重视,而父母会把这种重视传递给孩子。

也许你会反驳说,在我列举的统计数字中,那些教育失败的孩子都出自"非正常"家庭,根本没有父母来管。你说的没错,但也有许多孩子是有家长监管的。就像我在本书开始时所强调的,我不能逐个讨论每一种情况、每一个不幸的案例。实际情况是,许多孩子——相当多孩子——退学或在学校表现不好,都仅仅因为没有人督促他们改进。

不管学校有没有尽到责任,父母们都要保证孩子接受了应有的教育。为什么呢?因为他是你的孩子,这就是原因!那些三十有五、没受过教育、薪水少得可怜、付不起账单的"孩子"绝不是学校体系的责任,他们绝不会找学校校长替他们还贷,被人从公寓里赶出来以后也不会搬到学校的空教室里去住。这些"孩子",你的孩子,只会回来找你。你希望如此吗?我敢打赌你不希望。那么就及早让孩子受教育,让孩子参与到学校和班级活动中,让他多读书,而不是整个下午或整个晚上都耗费在电视机和游戏机前,把他手里的手机抢过来,再往手里塞本书。

我小的时候很幸运,因为我的家庭非常重视教育。我妈妈高中毕业后,直接去工作,我爸爸高中毕业后去工作,接着在海军服役,复员后又去工作。我很小的时候,他曾经上夜校进修过图书管理。虽然他没有做过图书管理员,但他始终希望得到自我提升,所以他坚持去上每周一次的夜校课程。他还在西尔斯公司担任全职仓库管理员,还要打理养鸡场,料理几英亩的花园,为我们种植新鲜蔬菜,但不管怎样,受更多教育对他来说仍是最重要的。我的家人一向重视我的教育问题。他们仔细查看我的分数,看我究竟是不是学到了东西。

我8岁那年,有一位百科全书推销员敲开了我家大门。爸爸听完他的介绍,把我叫来,给我看那套百科全书,问我喜不喜欢。我说我喜欢,但竭力不让自己流露出太多的兴奋,因为我知道父母负担不起这套书的价格。我记得这套书要300美元,在1960年,300美元对于我家来说是一大笔钱。推销员说我们可以分期付款购买这套书,每月付一部分书款,直到付清为止。我记得爸爸问我,如果他买下这套书,我会不会用。我向他保证我会用。于是爸爸真的买下这套《世界大百科全书》。书的封面是绿白相间的,是我见过的最美丽的书。我仍然记得我从包装纸里取出每本书时的味道。我知道父母为我买下这套书是多么大的牺牲,所以我一直非常珍爱它。每天晚上我都会翻看,整套书从A到Z的每一个词条我都看过。我父母重视我的教育,愿意为我提供最好的条件,这使我对书本和教育也怀有崇高的敬意。生长在一个如此重视教育的家庭,真是我的幸运。

教育不仅体现在学校的传统科目,比如数学、历史和自然科学上,更体现在生活的各个方面——理财、人际关系、宗教、健康以及公民责任感等。让孩子了解这些知识,是父母们的责任。

养成阅读的习惯

教育孩子有许多种办法。重视学校教育只是其中的一种,经常给孩子读书,鼓励他养成阅读习惯是另外一种。我会保证我的孩子手边有许多可以读的书。每天晚上在他们入睡之前,我们都会一起读上一段。25年过去了,他们现在还能引用小说《亚历山大恐怖的一天》里的某些片段。他们实在太喜欢那个故事了,简直百读不厌。

可悲的是,大多数父母对孩子的阅读都不太重视。我这里有一些统计数据:

58%的美国成年人在高中毕业以后就再也没有读过一本书。

42%的大学生毕业之后再也没读过一本书。

80%的美国家庭在过去的一年里一本书都没买过,也没读过。

现在,多数人都不会花太多时间在读书上。我认为最大的原因在于,他们小的时候就不读书,后来在学校里也没有学会如何读书。

我酷爱读书。我对书籍和阅读的热爱是从小时候起就植根于心底的。在我的家庭中,读书备受推崇。我看见父母每天晚上临睡前会看上一会儿书。我爸爸走到哪里都会带着西部传奇大师路易斯·拉穆尔的书,而我妈妈的包里总会装着一本平装书。在我很小的时候,每天入睡之前,爸爸妈妈都会为我读上一段。他们会把书作为礼物送给我,受到表扬时的物质奖励也是书。我从读书中发现的第一个乐趣是它能带着我逃离现实。我可以和哈迪男孩一起解开犯罪谜团,也可以与哈克贝利·费恩一起从大河上游漂流而下。后来,我读书的乐趣是获取信息。我一心想要改变生活,而改变的钥匙就蕴藏在书籍里,直到现在依然如此。在过去的20年中,我读过的书超过4000本。我会永远感谢我的父母培养了我对阅读的热爱。

演讲家和演讲家的 CD、DVD 等

我一直相信,让孩子多接触伟大的演讲家、教师和作家是有好处的。我自己就是因为听演讲而受到了影响,从此改变了生活。我相信,给孩子们一个机会,让他们从演讲者那里学到东西,这是非常重要的。

有一年,我的两个儿子一个10岁,一个6岁,我带他们去得克萨斯州达拉斯市的六旗游乐场去度周末。在当时这可是一件大事。我住在俄克拉荷马州的突沙市,几个月前刚刚破了产。我备受打击,囊中羞涩,而且情绪低落。我一心一意想要挽回局面,几乎把我们所有的东西都卖掉了。我卖掉了所有家具,起居室和餐厅一下子都空了。我拼命赚钱,勉强度日。

我需要好好休息一下,我知道孩子们也需要。我们实在负担不起我妻子的费用,所以,我只把两个儿子塞进车里,砸开我的小猪银行(别误会,只是一个零钱储蓄罐)取出路费。这点钱刚好够我们从突沙开到达拉斯。我们在六旗游乐场度过了

快乐的周六,当天晚上住在6号汽车旅馆,在房间里吃了一个比萨。第二天早上,我带两个儿子来到达拉斯第一浸信会教堂,因为传奇的励志演讲家齐格·金格拉在这里举办了一个周日学校。我以前听过齐格演讲的录音带,它让我在逆境中保持积极的心态。我非常欣赏他演讲的风格,如果有机会,我也很想从事他的行业。所以,我兴奋地抓住这次机会,带着两个儿子去听他演讲。他们两个以前也在我的车里听到过齐格的演讲录音带,但还远远不是他的"粉丝"。不过,他们很乐意应我的要求,去听齐格讲上一场。

齐格在演讲中提到了一点:"你想成为谁都可以,想做什么都没问题,想要什么应有尽有,前提是,你要相信你自己。"当时我没有太留意这句话,因为我听齐格讲过许多次,听完很快就忘记了。可我的儿子们却从没听到过这样的观点,他们深受触动,尤其是小儿子帕特里克。

在那之后几个星期的一天,我们临睡前带着艾尔维斯和尼克森——我们的两条狗去遛弯。走着走着,帕特里克突然问了我一个简单的问题:"爸爸,你接下来准备做什么?"我想他一定是注意到了我最近无事可做。我没有了工作,完全不记得下一步应该怎么走。我把所有的家当都卖个精光。我一蹶不振,谁都看得出来。所以,他的问题提得很是时候。我回答说:"帕特里克,我也不知道接下来要做什么。"他说:"爸爸,你为什么不按齐格说的去做呢?"我承认,当时我完全不知道齐格都说了些什么。他提醒我说:"你想成为谁都可以,想做什么都没问题,想要什么应有尽有,前提是,你要相信你自己。"这句话从来没有像那一刻那样触动我的心。我对他说:"帕特里克,你相信他说的吗?"他说:"当然相信,爸爸,为什么不相信?"当时,我无言以对,但我心里已经有了答案。我早已忘了要相信自己。在那一刻,我的生活完全改变了。那天在教堂里,齐格的话对我没有产生什么影响,但同样的话从帕特里克嘴里说出来,却完全改变了我的后半生——这一切全都是因为我带他们听了一场伟大的演讲。

请注意,我其实并不相信"你想成为谁都可以,想做什么都没问题,想要什么应有尽有"。这话听起来不错,也会深深触动一些天真的人,但在真实世界中,不去行动,不加努力,这句话就会完全变成空话。因此,我那年仅6岁的儿子听了这种激励人心的句子,再转述给他身陷麻烦的老爸时,感动我的其实是他的信念——相信我只要行动起来,用工作求得回报,就一定能够克服一切困难。

关于一个优秀的演讲者所能产生的影响,我这里还有一个例子。就在我写作本章内容的时候,我收到了这样一封信,得到作者的许可之后,我将它公布如下:

你好,拉里:

我知道你很忙,所以我会尽量写得简短一些,也会尽量克制住自己不要冲过去没完没了地吻你。

我叫罗伯·亨特,23岁,住在加拿大多伦多市郊。11年前,当我还是个12岁孩子的时候,遇到了典型的青春期问题——我不想说那是"颓废",因为那个年龄段的孩子或多或少都有些"颓废",但我非常自卑,我非常胖,很多本来能做好的事我就是做不好。

就在那时,幸运的事情发生了。我的叔叔约翰·韦恩给了我一套录音带,是你的《成功很简单》演讲录音。仿佛为了反证你所说的"让年轻人多听好的演讲"——当时的我根本不理解你在讲什么,当然也领会不了你的深意。可是拉里,我必须告诉你,就是你的演讲彻底改变了我的青春期,把我推上完全不同的方向,使我有了今天的成绩。

我不知道世界上还有谁比我听那盘录音带的次数更多。我每周都听,几乎成了惯例,至少听了一两年。你的话鼓励了我,我开始读齐格·金格拉、戴尔·卡耐基和罗伯特·清崎等许多人的书,听他们的演讲录音。这些关于如何成功的内容本来是给比我大得多的人准备的。最重要的是,你的话深深触动了我——我要做我自己。我要为自己感到骄傲,不要理会别人是怎么看待我的。也许大人们听到过太多类似的话——可对于一个12岁充满自卑的孩子,这句话的意义胜过全世界。

拉里,我不想自夸,但我真的很想告诉你在经历了"颓废"的12岁后,我都取得了哪些成绩:

——我爱上了长跑,现在已经坚持了10年,跑完了5个马拉松——曾经困扰我的婴儿肥早就消失了。

——14岁那年,我开了自己的网店,向世界各国的客户销售体育比赛的录音带和DVD。由于这些比赛的资料很少见,所以仅靠这项兼职,当时还在读高中的我每年就能收入3.5万美元,连上大学的学费都够了。

——我考上了加拿大最好的商科大学,在校期间就开始从事不动产投资。

——目前,我已在安大略拥有4家特许经营的现炒冰淇淋店。尽管最近经济不景气,但我们的销售额还是相当可观的。照这样下去,不出三年,我想我就可以跻身百万富翁的行列了。

拉里,我不想在这里对你说太多溢美之词,但我坚信自己能有今天这番成就,与少年时读你的书、听你的录音带是分不开的。

在结束这封信的时候,我要说,我的成功当然要归功于自己的努力——但我绝对不能否认是你为我开了一个好头。谢谢你,谢谢你所做的一切——也祝贺你在过去的这些年里有了自己的进步和成就。

　　祝一切顺利！

罗伯·亨特

　　我太喜欢这封信了。为什么呢？因为它肯定了我，让我为自己的工作感到高兴。不过这并不是我把它放在本书中的原因。我只是想把它作为一个生动例证，告诉你让孩子多听优秀的演讲会对他大有益处。你可以让孩子从一些有才学、有幽默感的演讲者开始，有趣的演讲总会牢牢吸引住孩子的注意力。当他开始抱怨演讲内容的时候，他接收到的信息已经远远超出你的想象了。

旅行，参加社会活动

　　这两项都是教育孩子十分重要的手段。我常常带着孩子去博物馆、古建筑和大教堂，去看巨幅的名画真迹《线团》、世界上最大的免费市政混凝土游泳池（在堪萨斯州的花园城）和其他值得一看的东西。我带着孩子们到处跑，我们没什么钱，但我们会去花费不大的地方。我会带他们去开车很容易到达的地方，自带午餐，当天晚上再赶回家。相信我，就在你身边有许多便宜又不需要在外过夜的景点值得一去，而且你也能从中学到东西,上网用搜索引擎好好找一找。当我有了些钱,开始在全国甚至国外巡回演讲的时候,只要有机会,我都会带着孩子们。丰富的旅行经历塑造了孩子们的世界观,让他们能更好地理解其他国家和其他种类的文化,欣赏不同的美食和习俗。他们学到了很多只有在旅行中才能学到的东西。

　　孩子也要多参加社会活动。去教堂的时候带上他,告诉他在这种环境下应该怎么做。看电影的时候带上他,告诉他电影开始后要安安静静地坐着,不许说话,这样才不影响大家。把别人在电影院里的不恰当行为指给他看,这对他可是宝贵的学习课。告诉孩子在餐厅里应该怎么表现。我曾经说过,我宁愿和我的两个小家伙一起吃饭,也不愿意和大多数成年人在一起吃饭,因为他们还不如我的两个儿子懂规矩。孩子们之所以这么乖,是因为我常常带他们去餐厅,并且在去之前就告诉他们应该怎么做,然后根据他们的表现,或奖励,或惩罚。几次下来,他们就锻炼得比许多成年人都彬彬有礼。让孩子参加家里的派对,至少让他面带微笑地在门前迎接客人,向客人作自我介绍,并握手致意。接着你就可以打发他回自己的房间,或者交给保姆照顾,总之别让成年人枯燥乏味的派对闷坏了他!最关键的是,要让孩子有机会置身于陌生的情境下,学着如何表现、如何行事。只要他事先知道怎么做才是对的,那他的表现就一定会让人满意。

本书的后半部分内容都是关于同一个主题——教育,让孩子学到些什么。在那一章中,我会列举出每个孩子都应当学会的几大原则。不过我们还没有进行到那部分内容,还是先说现在的话题吧。

第4节
纪律的原则

许多人一定会想当然地以为我要讨论惩罚的问题了。其实惩罚与纪律并不完全是一回事。纪律是你在生活中的行动守则,而惩罚则是你违反了行动守则之后的结果。

稍后我会花很多笔墨谈到惩罚的问题,这是肯定的。可是你要知道,在你因为孩子表现不良而惩罚他之前,还有许多事情要做,这是非常重要的。

建立行动守则

在家庭中建立一套行动守则,这是每一对父母的责任。一旦规则建立起来,所有的家庭成员都必须遵守。

有时候这种规则是写成文字的,有时候这是一种"约定俗成"的规则。

比如，当你走进一所漂亮的大教堂时，你绝对不会想要在地板上吐痰或是大声说脏话。不这样做，并不代表你有多么强烈的宗教信仰，而是你知道在教堂里吐痰和说脏话都是不恰当的行为。

小的时候，我就知道爸爸妈妈对于说脏话的态度是怎样的。他们从不说脏话，所以我知道我也不能说脏话。在他们面前，我甚至连想都没想过会说脏话，我很清楚这是不恰当的行为。

我的两个儿子都知道，我绝对不允许他们不尊重我的妻子罗丝玛莉。我妻子是他们的继母，但不用我多说，看到我尊重她，他们自然也跟着尊重她。有时候他们勇气爆棚，敢对我回几句嘴，也敢对他们的亲生母亲顶撞几句，因为没有人和他们计较，但他们从来不会顶撞罗丝玛莉。这条规则从来没有写在纸上，甚至没有被认认真真地讨论过，但作为一条不成文的行为守则，每个家庭成员都自觉地遵守它。

在我的家庭里，"拉里行为守则"包括许多方面，比如，我们从不对彼此撒谎，我们互相支持，我们从不让别人批评自己家人，我们对彼此寄予厚望，我们信任彼此。整个家庭都建立在正直、友爱、负责、信任和幽默感的基础之上。

当然，你建立起来的任何行为守则都会受到挑战。孩子们就喜欢做这个——挑战权威，打破禁忌。所以，你要做好行为守则随时有可能被打破的思想准备。当事情真的发生了,打破规则的人就要受到惩罚。不过,在我们讲到惩罚方式之前,先来看两条原则。

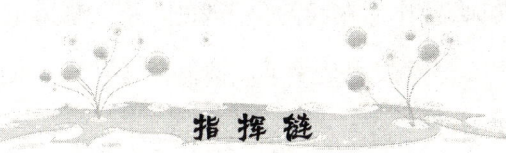

指挥链

在家庭中有一条指挥链。它的大致情况是这样的,很容易理解:

父母,孩子。就这样。明白了吗?我说过它不复杂。父母是主管,是老板,理应掌权。父母作出决定,孩子要乖乖遵守。父母是领导,是经理,是决策者,是管理者……孩子不是。这条指挥链非常简单,而且从孩子出生直到他收拾行李离开家,开始自力更生,这条指挥链一直有效。

如果父母两人都在家,那么指挥链应当是这样的:**谁离孩子最近,谁来负责**。不一定非得是爸爸或者妈妈,而是与孩子身体距离最近的那个人。在我看来,对孩子最要不得的态度是放弃你的指挥权,比如说:"等爸爸回来收拾你!"用不着让孩子等,你作为妈妈就应该当场处理。你不处理,要孩子等,许多绝佳的惩罚时机就这样错过了。对于爸爸情况也一样:"问你妈妈去。"不,孩子问的是你。作为男人,作为父亲,你要站出来,解决问题!

在我的屋檐下——听我的

不知怎么的,这种观点似乎有些落后了。其实不应该。我供你吃,供你穿,让你在我的房子里住,那么你就应该遵守我制定的规则。这些规则是为了保护你,照顾你。我制定这些规则完全是出于爱你。

当你到了法定年龄,可以自食其力的时候,你就可以建立自己的规则了。

这观点有错吗?没有,这很公平,完美无缺。这条规则建立在爱、关心和尊重的基础之上,它是指挥链的补充。

因为是我说的

当你从你的父母口中听到这句话,你愤怒吗?反正我总是愤怒的。我希望每件事都有个答案或是解释,我想知道我为什么不能和朋友们出去,我想知道为什么他们能做的事情我就不能做。我想要个答案。

有时候我会得到解释,但多数时候我只听到这句话,我知道你也一定听你父母说过:"因为是我说的。"

可你知道吗?这话说得非常好。不是所有的事情都有解释、都要商讨或辩论,有时候,最恰当的回答就是这句最简单的话:"因为是我说的。"

你家是王国,而不是民主社会。

你所作的决定都是为了孩子好,用不着大家投票。

是的,也许你会得到孩子的诸多抱怨。你会听到他说:"你一点儿都不爱我。"最好的回答是:"不,我非常爱你,我总是尽我所能去照顾你。我就是因为爱你才照顾你,担心你,保护你,让你不受伤害。"

孩子会因为你惩罚了他而恨你吗?当然会——但不会恨很久。也许你还会听到孩子直接表达不满:"我恨你。"这话也许正表示你做到了父母应该做的。如果孩子没有因为你施展权威而恨你,说不定就表示你做得还不够好。听到小心肝说出这样的话,许多父母马上就受不了了,赶忙道歉。大错特错!你是为了孩子好,永远不要因为这一点而道歉。永远不要向打破了规则的孩子道歉。记住,你只是在推行你的规则。所以,当小杰妮尖叫着对你说"我恨你!"时,千万别急着道歉,她自己会挨过去的。你也不要尖叫着回击:"我也恨你!"我真的见过有些父母这么做。老天爷!简直是两个情绪失控的孩子在吵架。就让孩子尖叫或者发牢骚吧,记得事情结束后,要让他为说恨你的话和冲你尖叫的做法道歉。要让他知道,你不仅不能容忍他的坏行为,更不能容忍他对你不尊敬。类似这样的事情发生时,你要坚决做那个"坏人"。记住,你是父母,做"坏人"是你的任务。在以后几十年漫长的时间里,他会因此而尊重你的。

处理你与孩子冲突的法则

听孩子解释他的行为动机。

向孩子解释你的决定,让他明白这就是最后决定,是否遵守取决于他自己。

不要跟孩子争论。你没有必要为自己的观点辩护。

不管孩子有没有抓狂,你要保持冷静。

千万不要在盛怒时对孩子滥用惩罚。

不要因为你建立并推行规则而道歉。

坚持下去。规则一旦制定,就不容再讨论,也不能随情绪变化而随意更改。

对不良行为不能视而不见

不少父母都有这样的观念:只要忽略不良行为,不良行为就会自行消失。这办法对山林里的熊或许管用,但对不良行为却无济于事。不良行为必须指出来、改正,好的行为习惯才能建立起来。

任何行为一旦得到奖励,就会固定下来。在工作中,某种行为一旦得到嘉奖,就会不断出现,所以对老板来说,最关键的是留意那些你希望见到的行为,及时给予奖励。想要规范行为,这是最简单且行之有效的办法。

这一法则不仅在工作中对雇员适用,在家里对孩子也同样适用。抓住孩子做对的事,及时奖励,这种好的行为就会一再重现。次数多了,自然就养成了习惯。也就是说,你必须时时刻刻留意孩子的所有行为。

这一法则不仅对良好的行为起作用,对不良行为同样有效。没错,不良行为一旦得到嘉奖,也会一再重现。

读到这里你可能立刻会问:"谁会嘉奖不良行为呢?"几乎每天、每个人都会这么做。我是怎么知道的?看看周围吧,不良行为这么多,如果没有得到鼓励,它怎么会遍地开花呢?只要看看身边所有的不良行为,你就会知道一定有人在以某种方式奖励它,不然它早就消失了。

你的孩子向你大发脾气,就因为他没有得到他想要的。为什么孩子会发脾气?为了引起你的注意。他躺倒在地,尖叫着,哭泣着,你抓起他,冲他大喊大叫,训斥他,威胁他。你甚至会满足他的要求,他要什么就给他什么,好让他不再胡闹。对了!他赢了。你奖励了他的不良行为——不管你有没有向他屈服,只要他成功地吸引了你的注意力,发脾气的最初目的就达到了,他就赢了。你奖励了他的行为,为他上了宝贵的一课——只要我发脾气,就能得到妈妈的注意;只要我尖叫大哭,爸爸就会妥协。是你让孩子有了这种经验,以后他就会经常这么做。每次事情不遂心意时,你的小天使就会发脾气,因为一发脾气,他就立刻成为注意力的焦点,而当这种行为不再有效时,孩子就不会再使用它。

因此,下一次你告诉孩子"不行"以后,如果他躺在地板上不肯起来,你就走开,不要理他。会不会很难做到?也许会。不过你想纠正这种不良行为,就必须停止奖励——没有奖励,就没有行为。

不过,你也别忘了我在"沟通"那部分内容中提到的,有时候孩子表现不好是因为他不知道怎样才是表现良好。你要问问自己,有没有告诉孩子怎样才是良好的表现?有没有演示给他看?有没有要他照做?还是你指望孩子自己知道在每种情况下应该如何表现?的确,你不可能每次都提前告诉孩子如何表现,因为你也不知道会发生什么状况,但是你可以将好的行为教给孩子,演示给他看,督促他举一反三地运用在其他新的情境之中。

不过,如果你自己一直是不良行为的典型例子,别指望孩子自己能懂得如何表现。

真实世界里的纪律

孩子在家里要有纪律。他要知道做什么事情是允许的,做什么是不允许的。他要了解这两者之间的界限,这样才能把握好真实世界中的界限。如果孩子在家里都不遵守纪律,在学校会遵守纪律吗?走上工作岗位后会遵守公司纪律吗?答案是:不会的。行为不良的孩子藐视父母的权威,同样也会藐视老师和老板的权威。如果你不强调自己作为父母的权威,要求孩子服从你的意志,那么你就等于纵容孩子在学校自由散漫,进而剥夺了孩子在真实世界中有所作为的机会。

第 5 节
惩罚的原则

喔!我们终于说到这部分了。许多父母都觉得这部分是最劳神的。兴奋吗?为什么呢?因为你觉得惩罚是父母最大的任务?

如果你坚信父母最大的任务就是惩罚孩子,那你真是大错特错。如果你把其他工作做好了,那么惩罚将在你教育孩子的过程中扮演最微不足道的角色。

最重要的是我在上文中提到过的那些因素——沟通、参与、教育和纪律,如果这些事情没有做好,惩罚就会派上用场。当你在这些事情上失了职,孩子的表现就会相当糟糕,你就不得不去惩罚他。有的时候,你的工作已经做足了,但孩子毕竟是孩子,他还是会做错,这种时候,你也需要采取一点点惩罚措施。

也许你是这样的父母:惩罚孩子对你来说太过残酷,倒不如让孩子自由发挥,自由表现。当然,孩子是你的,你爱怎样就怎样。可是如果他将来进了监狱、人际关系糟糕、破产、吸毒、目无法纪、目中无人、没有工作、无家可归、自私自利、没有礼貌等等,别忘了这是你一手造成的!因为你的不负责任,使得孩子也成了没有责任感的人。该惩罚的时候,你于心不忍,结果却对孩子造成了更大的伤害。

许多父母认为,惩罚孩子会让孩子憎恨他们。错了。孩子会因为你惩罚他而更爱你。**你不会因为惩罚而失去他的爱,却会因为不惩罚而失去他的尊重**。如果你是个软弱的人,那么孩子绝不会尊重你。

我知道,对于爱孩子的父母来说,实施惩罚是最残酷的做法。有的父母很怕与孩子对抗,更不愿意惩罚孩子。可惩罚却是教育过程中必不可少的部分。问题的关键是,一旦你把沟通、参与等其他工作做到位,花在惩罚上的力气就会降至最低。

因材施"罚"

只要我妈妈一打响指,我就知道我得收敛了。每个星期天早晨我们去教堂做礼拜,我都会到另一边去和我的朋友们坐在一起。只要一听到我妈妈的响指声,我就得乖乖闭嘴,假装听讲。一旦响指声第二次响起,回到家后我就得吃不了兜着走了。一声响指只是警告，告诫我注意自己的行为。我敢打赌，当你回想自己童年的时候，一定会记得父母用某种信号告诉你不可以过界。我同样敢打赌，如果你有兄弟姐妹，那么父母给你们每个人的信号一定是不同的。

我的两个儿子小时候也和其他孩子一样调皮。他们会推翻我制定的每一条规则，越过每一条界限。他们简直就是两个小恶魔，如果不严加管教，他们不是杀了对方，就是沦为罪犯。

对于帕特里克，我的小儿子，我会狠狠揍他的屁股，直到我的胳膊和他的屁股都疼痛不已，可还是纠正不了他的坏习惯。每次他都哭声震天，但每次都收效甚微。不过，谈话对帕特里克却很有效。只用三言两语，他就会意识到自己闯的祸，并且会改正自己的行为。只要谈上短短几分钟，我就能让帕特里克哭着承认自己的错误，并且乖乖道歉。

然而，谈话这一招对泰勒却没什么效果。他闯祸时，一般都能很清醒地认识到自己的所作所为，也愿意接受任何形式的惩罚。只有一次，当我准备认认真真地和他谈一谈的时候，他打断了我："爸爸，你干吗不揍我一顿得了？我可不想听一场无聊的研讨会。"于是我知道了，既然他讨厌谈话，那么最好的惩罚方式就是好好同他谈上一番。

这样看来，你认为我支持谈话，反对打屁股吗？错了。我认为恰到好处的一顿揍是惩罚孩子的好办法。当然，是偶尔为之，不是经常如此。我的大儿子泰勒说他只记得被我揍过一次，在我印象中我揍过他很多次，但他能记住的只有一次。我想那一次揍得正是时候，所以才被泰勒一直铭记到今天！

我知道社会上有相当一部分人反对打孩子。没问题。这是你的孩子，什么方式管用，什么方式不管用，由你说了算。关键在于，你认为管用的方式要真的管用才行。

许多人管打孩子叫做虐待。不，这是不一样的。当你失去理智，情绪失控，在盛怒之下打孩子，那就是虐待。不只是打孩子，在情绪激动的时候实施任何惩罚措施都是虐待。所以，任何形式的体罚都不该在盛怒下施行。可是，我认为如果完全不采用任何有效手段来惩罚孩子，你就是在逃避做父母的责任。

也有许多人认为，"打"孩子是在教孩子用"打人"来解决问题。对不起，我看不出这两者之间有什么必然联系。我不认为适当地揍孩子一顿来纠正他的行为，就等于告诉孩子打人是允许的。

我个人觉得，在屁股上拍两巴掌是教训孩子最有效的办法。注意我说的，在屁股上拍。不是胳膊上，也不是脸上。在孩子脸上扇巴掌绝不是好办法，这样的父母应该感到羞耻。我还见过有的父母掐孩子的胳膊，简直是可恶！

屁股上有厚厚的肉，可以吸收巴掌的冲击力。再次注意我说的，拍。你不需要在大庭广众之下扒下孩子的裤子，把屁股露出来。另外,打屁股是为了纠正孩子的行为,而不是弄疼孩子。所有惩罚的目的都是一个:纠正坏行为。所以你大可不必在孩子身上留个红手印或是淤青。你只需要对准屁股,结结实实地给他来一下子,引起他的注意就好。

打屁股对许多孩子都是一种有效的手段。到目前为止,我还没见过这招在哪个孩子身上不管用。每次我在餐厅里看见到处乱跑、尖声怪叫、让所有客人不得安宁的小孩时,我都在暗自想,只要在他屁股上来一下子,问题不就解决了吗。当然,孩子的父母也需要接受一些教育辅导。打屁股唯一的问题就是被用得太多。因为打屁股是最容易的一种惩罚方式,所以很容易被滥用。任何一种方式一旦用得太多,就会失去效力。打屁股应当成为众多方式当中的一种,谈话也是如此,唠叨也是如此。

那么,在什么时候使用哪种方式最恰当,这是问题的关键。你不能总用同一种方式,这样它会失去效力,比如,你不能总是呵斥孩子,不能总是找他谈话,也不能总是唠唠叨叨。你得把这些方式混在一起用。在你的育儿"工具箱"里,这些工具都要准备好。

你的"工具箱"里都装些什么?

市面上有许多非常好的育儿类书籍,凡是你能想到的情况，书中都会告诉你具体的应对方法，从如何训练孩子用马桶，到如何对付孩子挑食，再到如何应对孩子顶嘴，书中都有答案。有的书写得非常好，当然，有的书简直就是浪费纸张。这些良莠不齐的"如何……"类的书籍怎样选择，就要靠你慧眼识珠了。

我真希望在我儿子小的时候，市面上能有这么多书，这样我的育儿"工具箱"里就能多出几样工具，而现在可供你选择的工具非常之多——简直前所未有！我喜欢工具。这是男人的东西！有一句老话说得好："如果你只有一把锤子，那么所有的问题看起来都像钉子。"我的问题用一把锤子可解决不了，我还需要其他工具，所以，我准备了一个巨大的"工具箱"。

在抚养孩子的过程中，会有各种各样的情况出现，一种工具根本不足以应付每一种情况。而有些父母的"工具箱"里只有一种工具：要么总是打屁股，要么总是关"禁闭"，要么总是唠叨个没完。不管孩子的问题是哪一种，他们总是拿出同一件工具。这样一来，效果当然不好。

要知道什么工具适合哪种情况，你就必须了解你的孩子。孩子还小的时候，在屁股上拍一巴掌或许很管用，但当孩子长大，你就要改用其他工具了——反复教育、没收他的车、不许他去什么地方玩、不给他零花钱，或是其他合理的方式，只要能让他意识到自己的错误就好。

有一件工具,你必须把它从"工具箱"里拣出来丢掉,那就是:威胁。

不要威胁孩子

"你想让我把你丢在这儿吗?你再不听话,我就扔了你!"这样的话我经常听到,我敢打赌你也一样。我们为什么要在孩子心底留下被遗弃的恐惧呢?你难道真想听到孩子对你说:"好,就把我丢在这儿吧。"不过,当我看到说这话的父母时,我常常在想,如果孩子有更好的选择,他一定会这么说的。

还有一句话:"你想让我叫警察来吗?如果你再不听话,我就叫警察来抓你!"同样的问题:你为什么要把对警察的恐惧根植在孩子心底呢?警察应该是孩子的朋友!

这句话也不怎么样:"再闹我就把你扔出去!"我相信这句话非常管用,孩子一定很害怕被你扔出去。外面,是一个茫然的未知世界!

还记得有句话是这样说的:"这是威胁还是承诺?"你对孩子所说的究竟是哪一种?不要威胁孩子,要给他承诺。如果你对他说,什么事情会发生,那就想尽办法让它真的发生。我还记得6岁那年,我的父母要带全家外出度假两个星期。在当时,那是件大事。我们很少能全家一起外出度假。在假期的第一天，我做错了事。我不记得究竟是什么事，但后来的事情我记得很清楚。那天爸爸对我说："我们回家以后，你就等着挨揍吧。"我心里暗想："没事，还有两个星期呢，到时候他一定忘掉了。"等我们痛痛快快地玩了两个星期，回到家中，停好车，爸爸把我拉到一边，叫我在车库门前等他。我不明白，问他为什么，他提醒我说回家之后他要揍我一顿，现在我们回家了。残酷吗？对那时的我来说当然残酷。可现在我回想起这件事，虽然狠狠地挨了一顿揍，却学到了非常宝贵的一课——对孩子说过的话要算数。现在我也成了父亲，我对孩子总是言出必行。如果你办不到，那就趁早别说。

别找替罪羊

若干年前，我开车载着我的朋友一起外出。朋友一家坐在后座上，他们3岁的女儿很不听话，上蹿下跳，尖叫不止。我被她弄得简直快要发疯了。女孩的父亲若无其事地坐在那里，不闻不问，女孩的母亲终于忍不住说了一句："杰西卡，别胡闹了，这样会让拉里分心的。"我停下车，对她说："不对，她不应该再胡闹，因为这样做不合适！这和我没关系，不要把我扯进来。你应该管好你的孩子才是。"从此，他们不再把我当朋友，而我也没觉得多难过。

最近有个朋友来我家吃饭,他叫他的小儿子乖乖坐下来,"不然拉里会生气的"。我立刻告诉小男孩不是这样的,拉里不会生他的气。接着我对朋友说,不要把我牵扯进来,这是他的儿子要不要吃饭的问题,拿我当替罪羊对我不公平,对孩子也不公平。

孩子的父亲回答说:"都一样!"不,这不一样。就像你解决问题要用对工具一样,觉得用什么教育方法"都一样"的父母是懒惰的父母。

不要把其他人当做你纠正孩子坏行为的借口。

惩罚孩子的拉里法则

1. **连贯性**。今天做错了,明天还会错。一次做错,次次做错。不管你是累了,烦了,还是忙得不可开交,只要孩子做错了,就一定得惩罚。也许你忙得没时间逛百货商店,但一定有时间处理孩子的坏行为。

2. **盛怒之下不要惩罚**。这条做起来相当有挑战性,但你一定要尽力做到!也许孩子把你气得发疯,让你在暴怒之下没办法理智思考,但越是这种时候,就越不能立刻动手,否则你很可能会追悔莫及。

我做得最糟糕的一次是这样的:我的大儿子泰勒把球丢

到了邻居家的栅栏里面,我叫他去取回来。栅栏里面有两条汪汪叫的大狗,泰勒很害怕,不想进去取球。于是我生气了,我像个傻瓜一样高声呵斥他,威胁他,大骂他是个笨蛋,直到他终于哭着爬过栅栏。他害怕极了,浑身颤抖。就在他爬过去的那一刻,我彻底后悔了。那两条狗并不凶猛,泰勒没费多少力气就取回了球,但那个愉快的下午彻底毁了,被我愚蠢的愤怒给毁掉了。我向泰勒道了歉,可是从那以后二十多年,我一直对此耿耿于怀。前不久,我向泰勒提起这件事,他完全不记得了,可是我永远也忘不了。从那件事中,我牢牢记住了这样的原则:在实施任何惩罚之前,先让自己冷静下来。

如果愤怒是孩子闯祸后你应有的反应,那你大可以愤怒,但惩罚要等怒气消去以后再施行。就像在法庭上,确认犯罪事实和实行判决之间要间隔一段时间一样,你也需要一段时间冷静下来,再决定用哪种惩罚方式更合适,应该让孩子从中得到哪些教训。

3. 惩罚力度要与闯祸的严重程度相对应。如果孩子只是贪玩而打翻了牛奶,你就整整责备他一个星期,那你的反应也太过激了些。所以我说,你必须先冷静,再斟酌最合适的惩罚方式,原因就在于此。我先前也举过关于"工具箱"的例子:不能任何时候都用打屁股这一招。在实施惩罚之前,先想一想,哪种惩罚方式最适合当前情况。

4. **倾听孩子的辩解**。不管当时情况如何,作为一个通情达理的家长,这样做是你尊重孩子的表现,也是你以身作则的好机会。另外,这样做也可以了解孩子的行为背后的深层动机。也许你会发现,问题不只存在于行为层面上。与此同时,你也有了一段时间好好想想,究竟该用哪种惩罚方式。

5. **惩罚要针对行为——而不是个人**。孩子做错了事,不代表他就是个坏孩子,只是他做了一件错事而已。千万不要贬低孩子,也不要叫他坏蛋。你要针对的只是他的行为。

6. **当心口不择言**。没错,注意你的用词。盛怒之下有些话一旦说出,就会覆水难收。记住,你面对的是你的孩子,就算他做的事情让你生气,也不能抹杀你对他的深爱。你的目的是将你与孩子之间的亲密关系维系终生,但往往你在盛怒之下说的一句愚蠢的话,就会将这种亲密关系毁于一旦。

7. **别忘了你是站在哪边的,也提醒孩子别忘了这一点:你是站在孩子这边的**。你惩罚孩子终究是想要他学会怎么做,想要他变得更好。惩罚孩子的时候一定要让他明白这一点。

8. **别因为惩罚孩子而道歉**。你是父母,是掌权者,是管理者,是家长。你知道什么才是最好的。你制定了规则,而孩子破坏了规则,所以,只要你的惩罚方式得当、有效、是深思熟虑后的决定,你就没什么可道歉的。

好消息

孩子们会改好的。

在他们做了一系列让人发疯的事情之后,这是我能告诉你的最好的消息——他们总会改好的。当然,不是每件事都能改好,而是大部分可以。这是不是说,你可以对他们现在的不良行为视而不见,不帮他们,也不去惩罚,反正终有一日,他们自己会改好?绝对不是。这恰恰意味着你必须把该做的都做好,孩子们才能进步。也许随着年龄的增长,孩子们难以驾驭的本性开始收敛,他们渐渐懂得了遵守规矩,但也可能表示,他们改掉了一种坏习惯,但接着又会染上新的坏习惯。好吧,至少你有新的事情可做了。

我的儿子泰勒在回顾他的15岁时曾说:"老爸,我恨不得杀了自己!"其实有很多次我也想这么做,相信我。有一次我对他说,我们父子之间只有一种和解方法——安乐死。我真的很想让他静静地睡着——哪怕只是一会儿也好。

在泰勒的叛逆达到顶峰的时候,有一次他站在我面前,看着我说,他没必要按照我说的去做,因为他现在块头比我大。我是这么回答他的:"没错,你块头更大,但我更聪明,我更出色,你的零花钱装在我的口袋里,你还睡在我的家里。"他想了想,觉得我说的没错,只好作罢。

我总是提醒自己,在我16岁的时候,也曾对我父亲说过类似的话。那时我甚至还比不上父亲块头大,但那个年纪的我,总以为自己无所不知。在我们发生争执的时候,我就脱口而出说了些不屑的话(我总是管不住自己的嘴巴)。父亲说他要用鞭子抽我。意思是他要用皮带抽我的屁股,让我为自己说的话受到教训。我告诉他我已经长大了,不会再挨鞭子,接着他就用事实证明我错了。那是我最后一次挨揍。虽然后来我没有更懂事,也没有更注意言辞,但再也没有像那样挑战过父亲的权威。因为我明白了过来,不管我长到多大,那么做都划不来。

给孩子一个机会,让他尽情地伸展羽翼,让他叛逆、轻狂并为自己的叛逆轻狂付出点代价,这对他是有好处的。通过惩罚他的坏行为,你也可以借机表达你对他的关爱。

最后,你要明白,当孩子渐渐长大,对自己的角色感到更加自在,也更清楚自己想要什么、你想要什么以后,他就会变得懂事而得体。

第三章 应该教给孩子的事情

第三章 应该教给孩子的事情

在列举你应该教会孩子哪些事情之前,我要首先声明:这都是我根据个人经验总结出来的。你当然可以想教什么就教什么,毕竟这是你的孩子,如果你什么都不想教,那就不要教好了。我想说清楚的就是这一点。你可以让孩子在偶然事件、打击或过失中吸取教训,也可以让他自然而然地去体会或观察,还可以自由选择其他的教育方法。你甚至可以一边读着这部分内容,浏览我给出的教育建议,一边对自己说:"我才不会把这些教给孩子!"没关系,再说一遍:这是你的孩子。

不过,你要记得,这不全是你的事,更是关系到孩子的事。你可以只让孩子知道一些你愿意让他知道的事,但这样做的后果很可能是,面对社会,孩子根本没有做足准备。所以,你得把孩子需要知道的事提前教给他,你要告诉他如何才能幸福、有价值,如何才能活得精彩。

为了孩子能按照你希望的样子长大,凡是我认为他应该懂得的事情,我都会在这里列出来。这份清单是根据现在社会上存在的问题列出的。在研究过种种社会现象之后,我认为只要改变对孩子的教育方法,那么大部分问题都会迎刃而解。我研究过经济问题、商业问题、健康问题、政府管理问题……在对每一类社会问题进行过研究之后,我发现它们的共同原因都是缺乏教育,表现为无知(缺少知识)和愚蠢(缺少经验)。所以,我总结出这样一套孩子必须了解的事项,这样,在将来我们就能避免许多社会问题再出现。

我们常常会从自己的倾向、信仰甚至偏见出发，把我们希望孩子知道的东西告诉他。我们只教孩子那些我们不怕他知道的东西。虽然这种做法很常见，也不难理解，但它确实是个错误。我们看世界的角度本来就有失公正，如果再完全从经验出发，那我们就等于在欺骗孩子。

许多父母会将恐惧传递给孩子，而他们自己甚至都意识不到这个问题。我刚认识我妻子的时候，她十分害怕风暴，这让我觉得很有意思，因为我从来不觉得风暴有什么可怕。我生长在俄克拉荷马，小时候我常常和父亲一起站在院子里，欣赏龙卷风由远而近，我从不害怕。同样是对待风暴，为什么我和我妻子的反应会有这么大的差别？这是因为我们从父母那里受到了不同的影响——我父亲为风暴着迷，而她母亲非常害怕风暴。其实，将你对风暴的恐惧传递给孩子还不是什么大问题，而对成功、对财富、对植物、对锻炼、对不同人种、对旅行、对寿司以及其他正面事物的恐惧一旦传递给孩子，也许就会成为大问题。也许你真的不喜欢某件事情，但也没必要让孩子接过这根"接力棒"。

在教育孩子的过程中，非常重要的一点是不要局限在你认可的小圈子里。你要抛开自己的恐惧和偏见，不让孩子受到你过往的束缚。别把孩子绑在过去，切记。

第1节
找到榜样

如果你想成功,那就看看成功人士都在做什么,然后照他们的样子去做。这个办法无懈可击,无论何时何地,都屡试不爽。它无可争议,谁都不能否认它的效果。生活中到处都有这样的例子,它的确是通往成功的一条捷径。

想赚钱的方法是,有钱的人怎么做,你就怎么做。想把生意做得更好,看看成功的生意人都是怎么做的,在你的生意中借鉴他的方法。想要活得更健康,看看健康的人都有哪些生活习惯,然后运用在你的生活中。同样的办法也适用于教育孩子——看看成功的父母怎么教育孩子,学习他们的方法。

要知道有钱的人、成功的人、健康的人和好的父母都是怎么做的并不难,到处都可以找到相关资料——书籍、视频、音频甚至电视节目里都可能有你需要的东西。虽然这些资讯随手可得,但在过去的这些年里,我们的做法并没有因此发生太大改变。为什么呢？因为成功的经验往往非常简单,容易被我们忽视。还有些人仅仅是不愿意学习优秀的例子。因此,我希望你能完全推翻自己的思维模式,好好地做一番回溯。

如果你想变蠢,那就看看愚蠢的人是怎么做的,照他的样子去做,你最后也会变蠢。如果你想破产,研究一下破产的人都做了些什么,模仿他的做法,你也一定能破产。想变胖吗？如果你真的很胖,那一定是你想要变胖,因为你是按照胖子的生活方式去做的。想培养出愚蠢、自私、没有责任感的孩子吗？那就看看那些愚蠢、自私、没有责任感的孩子的父母是怎样培养他们的,总有一天你也能培养出这么可怕的孩子。

电视里的反面榜样

花上一个星期,看看电视里那些真人秀节目,你会学到所有错误的教育方式。

看看这些真人秀节目（一遍足够）："橘子镇贵妇人的真实生活""纽约豪门贵妇的真实生活""新泽西娇妻的真实生活""亚特兰大主妇的真实生活""与卡戴珊同行""帕丽斯·希尔顿的新密友""杰瑞·斯宾格秀""简单生活""超级保姆""保姆特急911""我的甜蜜16岁""坏女孩俱乐部""魅力学堂"。

我知道有些节目现在已经不再播放了,但问题是,你至少看过一次。就算上面提到的所有节目都不播放了,还有许多类似的节目在屏幕上轮番上阵。这些火爆荧屏的节目将人们最不堪的方面展露无遗,它们几乎个个都能作为典型的例子,告诉你孩子不能这样教育。所以,如果你想知道不应该怎么做,那就打开电视,看看这些教育失败的真人秀吧。

我们来说说另一类节目:"单身汉"和"单身女郎"。这些节目和教育又有什么关系呢?好吧,你愿意自己的儿子或女儿在全国电视观众面前一边冒傻气,一边寻找终身伴侣吗?如果我自己的女儿参加这类节目,跟那些为了出名而不惜上电视寻找爱人的小伙子配对,我会羞愧而死的。我这样说对那些诚恳而正派的嘉宾们不公平吗?毕竟,他们有的是医生,有的是军官,有的甚至还是单身父亲!可是,很不幸,任何一个对爱情严肃的男人,任何一个想寻觅一份真爱、想找个真正的好女人的男人都不会跑到像"单身汉"这样的电视节目上给自己的孩子找后妈。很明显,这些家伙并不打算寻觅爱人,他们只想成为"红人"。

我们再转换频道,看看孩子们整天都在看什么。你可以看一眼"与蒂拉·特奎拉一见钟情"、弗雷瓦·弗拉客串的"爱的味道"以及"摇滚歌星的爱情"。滑稽的是,怎么所有的节目名字当中都有"爱情",可是我在任何片断中都没有发现爱情的踪迹？我只能看见愚蠢,却看不见爱在哪里。你的孩子天天在看这种节目,慢慢地他就会相信,想拥有一份长久而深刻的感情,只要像电视上那些十足的傻瓜或不知检点的家伙一样表现就可以了。

不要因为孩子看这种节目而生气,如果你不看,又怎么会给他树立起榜样来呢？没错,"单身汉"就是换了一种包装的"摇滚歌星的爱情",布莱特·迈克如果不画眼线、不包头巾,也和"单身汉"里衣着笔挺的嘉宾没什么两样。只不过,他更加诚实,他上节目就是冲着关注度和有利可图,他自己从不掩饰这一点。

所有这些真人秀节目都是为了娱乐大众,从某种可悲的意义上说,它们的确起到了娱乐大众的作用。不管喜不喜欢这类节目,我们都受到了它的影响,学会了某些东西——好的东西我们总是学不会。当然,我也不指望这种节目能有什么教育意义,但它却真的教了我们——我们开始对这类低能的举止不那么敏感了。这就是我们从真人秀节目中得到的最大收获。

我们常常把明星在电视上塑造的形象当做我们模仿的典范,孩子更是这样。当他在电视上看到一个小孩不尊重自己的父母和老师,不把政府和社会放在眼里时,他会以为这样就是酷。可事实并非如此。作为父母,我们必须扭转这种错误的印象。这类节目绝不能成为孩子们效仿的典范——如果硬要找到些价值,那它们就应该成为反面典型。

我讲了这么多,中心思想就是,如果你不想学习正确的行为,那至少应该知道什么是不正确的行为。

第2节
父母教给孩子的最重要的东西

你想教孩子些什么?准备怎么教?什么时候开始教?你考虑过吗?不管你愿不愿意,有没有察觉到,其实你每天都在教孩子,而这些东西是会伴随他一辈子的。所以,你必须好好想想到底希望孩子学到些什么。

我的父母教给我什么?

微笑,这花不了你多少力气。(话虽简单,道理却是不错的。)

人有两只耳朵,却只有一张嘴——少说多听。

有人雇用你,你就得为他工作。他是老板,他怎么说你怎么做,由不得你喜不喜欢。这样你才能拿到薪水。

承诺的事无论如何都要做到,要言出必行。

绝不允许别人侮辱你的妈妈。

绝不要对女孩子动粗。

为别人开门——不管对方是男是女。这是一种礼貌。

尊敬老人——你也有老的那一天。

多说"请"和"谢谢",称呼别人要用"先生"和"女士"。

和别人说话时,要看着对方的眼睛。

坚持自己。头可断血可流,尊严不能丢。

善待动物。

不要出尔反尔。

靠借债过日子是不行的,借钱还贷更是行不通。有一次我问过父亲:"你是怎样摆脱借贷的?"他回答:"加倍努力工作,把贷款还清。"

与不如你富有的人分享你所拥有的。永远记住这一点:不管你拥有的多么有限,总有人比你拥有的更少。

父亲教我如何与别人握手,如何使用锤子和其他工具,如何用木头生火,如何整理床铺。他还教我怎样洗鱼,怎样打理花园以及怎样煮出一壶香浓的咖啡。

和女孩子同行的时候,走在靠近马路的一侧。

与女士一起上楼梯时,要走在她后面,防止她摔倒。

你能做到的总是比你以为的要多些。

逛街的时候用眼睛看就好,不要用手乱摸。

每晚上床睡觉之前读一会儿书。

父母为你上的最好一课是什么？

我在facebook上拿这个问题问我所有的好友，得到的也是千百种不同的回答。我选取一些，与大家分享：

"如果你想通过考试，那就乖乖去上课。如果你想得A，那就每天努力学习。"以前我爸爸总是对我这么说——从我非常小的时候就开始了。在上学期间我一直遵循着这句话。长大以后，我发现这句话适用于生活的方方面面。如果你想混日子，那就每天去公司露个面，签个到，能少干就少干点活儿，只要能得C就好了。可是，如果你想成功，想得A，那就得拼命，不能每天只是露露面，别人派你做什么就做什么，你要投入时间和精力，甚至要学会拍马屁，还有，没错，付出大把汗水，才能得到你想要的——不论是申请奖学金的高分，还是一次晋升，还是减肥。是混日子还是要成功，选择在于我自己——区别就在于我付出多少努力。——伊莱娜.M.奥斯汀

我父母教我最好的一点就是，没有什么是我学不会的、做不了的或是不能实成的。只要是我想做的，就一定能做到，他们也会支持我，并且永远支持我做的任何事情。在我许多朋友

的家里,他们的父母都不这么做。——斯奇普·卡内斯特

"找出答案!"我妈妈总是这么回答我。不管问题多简单或多复杂,我总是主动寻求答案。我将这条法则运用在生活当中,收效非常明显。现在,我已经把它以另外一种形式传递给我的儿子:"重要的不是你知道些什么,而是你怎样从不知道的事情中寻求到答案。"我的儿子今年13岁,已经是网络搜索引擎专家了!——比尔·帕里

自己的事情自己解决。不要指望别人帮你收拾残局。——玛莎·帕特里·苏

如果你把事情搞砸了,那就道歉,看看能做些什么弥补,不要再犯同样的错误,然后继续前行,不要总是活在过去的错误里。——莎拉·里斯

我父母为我上的最好一课,就是在评判他人之前,首先要了解他。这么说是因为我记得以前有个朋友,只要看到她妈妈走过来,她就会飞快地从我身边跑开。后来她对我说,她妈妈不喜欢我的种族,不希望她和我混在一起。当然,我那时只是个小孩子,根本不懂得什么种族歧视,但我不再把她当做朋

友,因为我不想让她觉得和我交朋友是件偷偷摸摸的事。
——莎文·格林

要有礼貌,要尊重别人,待人和善(多说"请"、"谢谢"、"是的"),时常微笑。——帕姆·亨特

不管做什么,总要有事可做。做些什么总比什么都不做要好,就算是犯了大错,我们也能从中吸取教训,而如果你什么都不做,那就永远学不到东西。另外,热爱你的工作,这样才能有钱可赚。——威廉·布拉德雷

努力做事永远没错。——凯文·威尼康比

没有人欠你什么。你必须通过努力做事才能争取到你想要的。任何值得拥有的事物都值得你付出汗水。——斯坦·盖瑟

如果失败了,那一定是你的问题!你不能将自己的失败归罪到别人头上。——特蕾西·玛拉里

我父母教给我最好的一点是尊敬长者。在与他们相处、倾听他们的经验之谈的过程中,我获得的智慧已经成为生活中

第三章　应该教给孩子的事情

无可取代的宝贵财富。——简·皮治福德

如果第一次你没有时间把事情做好,那么你有时间重做第二次吗?——约翰·库弗

每件事情都全力以赴,不计回报。努力过就是最好的回报。——埃里克·张

我父母教给我最好的一件事就是:不论我想得到什么,比如说一辆自行车,我可以拥有,而我要做的就是走出家门,帮父母修剪一下草坪,或者去杂货店打工,存钱,直到买得起自行车为止。想要其他的东西也是一样。别误会,其实我父母对我非常慷慨,只要是我必需的,他们都会为我准备齐全,而我想要的,有一些他们也会买给我,但道理他们传达得非常清楚——只要工作,我就能得到我想要的。——乔·卡洛威

对你的行为负责,不管是什么行为。——米歇尔·加里·帕尔默

有礼貌,尊敬他人,信守承诺。——奥蒂·林

做任何事情都不要惧怕困难。——斯蒂夫·威格纳尔

正直。——劳伦·斯塔塞克·费舍

我父母教会我最好的一课是生活要量力而行。——雅纳·多诺万

遵守纪律往往成本最低,而收获最大。——里克·弗朗西斯

要坚强,要相信自己能够作出正确的选择,如果真的选择错了,也要勇于面对后果。——蒂娜·罗森格雷

要为你的行为负责,包括由你的失败而造成的责任。——南希·米西亚哥

待人友好很容易做到,而且,就算对方没有以礼回报,对我也没什么损失。世界上友好的人还是大多数的,只要我表示善意,他们也愿意以礼相待。——莎伦·兰斯基

友善。——金姆·怀特

我爸爸告诉我，不论是什么样的挫折，只要不是严重的疾病或死亡，终究都会过去。他让我回想去年都有哪些事情让我心碎或烦闷不已，可是我几乎想不起来了。——伊萨贝拉·贝克

我父母教给我最重要的一件事，就是任何东西我都可能会失去，但学到的知识谁也拿不走。——理查德·迈卡洛伊

不管做什么，都要尽全力做到最好。——艾米·纽曼

我爸爸常说的一句话是："Non-illigitemus carbarundum."这是一句拉丁语，意思是："不要用别人的愚蠢惩罚自己。"——斯蒂芬妮·曼宁

祸从口出，三思而言。——艾拉·莱里

拉里家的孩子们有话要说

我让我的两个儿子也来讲讲，他们在成长的过程中，从我这个父亲身上学到了什么。其实，这个问题他们被问过很多次。每次他们和我一起参加巡回演讲时，总有人会问到"拉里·

温格特是怎么做父亲的"。人们很想知道,当我扮演父亲这个角色时,与他们在演讲台上、在电视机前看到的我究竟有什么不一样。我的儿子通常会微笑着回答:"他平常什么样子,在家里就是什么样子。"在我看来,这评语太棒了。我很希望他们不受我的影响,真真切切地告诉你:作为我的孩子,他们从我这里学到了什么。以下就是他们的回答。

泰勒·温格特,警察局官员,亚里桑纳州,菲尼克斯市

我爸爸叫我在他的新书中写上一页。我不是个作家。不过这也正是个绝好的机会,来证明爸爸一直所宣扬的思想。

在我成长的过程中,爸爸教给我的第一课就是责任感!

爸爸告诉我,如果我闯了祸,那就一定得承认。我从没有因为闯祸而被揍过,反倒因为撒谎被揍过几次。有一次,我的屁股都被揍红了。

当我到了18岁时,我开始害怕。我害怕的是,我必须离开家独立生活,为自己的人生道路作决定。因此,我决定去参军。毫无疑问这个决定是正确的。我爸爸百分之百支持我。当然,1996年并没有什么大的战争。

到达第一个岗位后不久,我有幸参加了欢迎参议员来基地检阅的仪式,而我的任务,就是在放21响礼炮时发射我的75毫米加农炮。我站在加农炮的后面,手持拉火绳,全部注意力都集中在离我5码之遥的班长身上。当他示意我,我就要用尽全力拉下拉火绳,然后再装弹,准备下一次发射。一切都没有问题。加农炮班共有7个人,我是第一个拉响加农炮的人,其他人都跟在我后面。在E-2班(二等兵班)里,这是何等的荣耀。

在仪式的前一晚,我花了好几个钟头把靴子擦得锃亮,亮得几乎可以反射出我自己的影子。我几乎用了两罐淀粉,把军装浆得笔挺,它完全可以自己立在那儿了。在我为时不长的军旅生涯中,即将到来的欢迎仪式是我参加的活动规模最大的一次。不过,我并不紧张。我们练习的次数太多了,多到每个人都早已失去了新鲜感。我们对动作熟悉到它仿佛已经成了我们的第二本能。我们甚至还反复练习过如果一门加农炮没有响该怎么办。

我们的大炮是越战时期的加农炮,现在专门为这样的仪式改装成只有一响。有的时候大炮的撞针会坏掉,炮就不会响;有的时候炮手拉火绳不够用力,炮也不会响。当班长给你示意,而你的大炮却没有打响时,他会交叉双臂,低下头,这是一个信号,示意后面的炮手继续。如果这事真的发生在你身上,那真是太尴尬了,事后所有的炮手都会嘲笑你——你绝不希望这种事发生。

举行仪式的那天清早我状态好极了,就像宣传海报上神采奕奕的新兵一样。我们到达检阅场时,我简直不敢相信居然有那么多人在那里，场地四周的露天座位上坐了至少四五百人。我们的加农炮一字排开，整整齐齐，我们也都各就各位。当国歌响起时，我们全体立正，以最干脆利落的姿势敬军礼。

接下来到了放21响礼炮的时间。一听到预备的命令，我们就做好了准备。我全部的注意力都放在班长身上，等着他的手臂落下。他手臂落下的动作好像一个慢镜头，我用力拉下火绳，但是，没有动静。世界上最糟糕的感觉莫过于看着班长双臂交叉，把头低下。我静静地站在那儿，仿佛什么事情都没有发生，这是我一直以来受到严格训练的结果。我后面的加农炮迅速响起，没有留下空当，没有一个观众发觉场上有什么异常。

在其他加农炮依次响起时，我一直在思考究竟哪里出了问题。我像往常一样，在仪式开始之前检查过大炮，撞针没问题，零部件也都上好了润滑油，一切都没有问题。我搞砸了，我拉火绳不够用力。我觉得自己像个废物。

欢迎仪式结束后，将军派班长来叫我。他问我究竟是怎么回事，我回答说我拉火绳不够用力。将军接着问我，在仪式开始前有没有检查过大炮的性能。我回答说检查过了。他又问，会不会是撞针出了问题。上帝啊，我多希望是这样，那么错就不在我了！其实我可以对所有人说是撞针坏掉了，但我没有。我知道这件事的确是自己搞砸了。我不会说此时我脑海中响起了爸爸的声音:"闯了祸就要承认,孩子。"我根本没有听到他的声音,但我就是在他的教育模式下长大的。从小到大,我犯了错误一定会承认。于是我又一次告诉将军确实是我做错了,加农炮没有问题。

将军让班长派人好好检查一下大炮,我说大炮不会有问题,错的是我。于是,将军命令我保持前撑姿势(做俯卧撑的姿势)等着。我前撑着,一直等到检查结果出来:大炮的确没有问题。将军命令我站起来,然后他走到班长面前,交代了几句。后来,再没有人提过这次意外。两个星期后,我被晋升为一等兵。承担责任最终让我尝到了好处。

帕特里克·温格特,时装设计师,加利福尼亚州,洛杉矶市

爸爸让我讲 讲他如何影响了我。关于这个话题,我可以一直不停地讲下去。不过我要留着这些素材,等将来出版我自己的畅销书时再用。我猜你也能想象得到,有这样一位理财专家、生活导师、自我激励大师和励志演讲家做父亲会是什么样子,不过,他的建议的确很多次都帮助了我。

从小到大,我从没见到爸爸放弃过。当他在生活中遭遇低谷时,他总是打起精神,尽量让事情往好的方面发展。我从来

没有听过他抱怨一句。我甚至不知道我们已经破了产,那时我还是个孩子。等我长大以后,爸爸把那些事讲给我听,我才知道过去发生的一切。从小到大,我看着爸爸如何挺过艰难时期。于是,当我的生活陷入低谷时,我就知道该如何应对了。

20岁的时候,我想开一家自己的公司。我自以为对时尚界无所不知,急不可待地想要进军这个行业。公司开张了,几乎立刻就取得了成功,但是到了发展阶段,我却完全不知道该如何将它提升到更高的层次。我只想搞设计,做出更棒的时装,而生意上的事却占据了我所有的精力,我甚至想要放弃了。这时爸爸对我说:"坚持住,别管那么多,你会挺过去的。"那时候,我觉得父亲是十全十美的,后来的事实证明,他的建议的确是对的。每次参加展会前,我都会给他打电话,说我根本不可能在展会开始前把所有设计的成衣都做好。他会大笑着说:"你每次都这么说,但每次都做完了,赶紧闭嘴干活去吧!"这话真让我冒火,但他说的没错,每次展会开始前,我总能一切就绪。爸爸让我明白,除了成功,我别无选择。也许我不能每次都大赚一笔,但至少我每次都能完成作品,不管面对什么情况,我都能克服。我不能眼看着自己失败,在最后期限到来之前,我必须尽到一切努力。现在,我仍然信奉这条真理。到目前为止,我一次都没有拖延过最后期限。

现在我早已更换了工作,我开办的那家公司已经成为历史。但我仍然比别人更加努力,将已经开头的事情全部完成,不管事情本身有多难,我有多么想放弃,都不能成为我半途而废的理由。

父亲讲的故事:狗饼干事件

有一次,我和儿子们玩一个游戏,叫做"给你多少钱你会做什么?"这其实是一类很愚蠢的问题,比如:"给你多少钱你会吃毛毛虫,或是咬下一只活小鸡的脑袋?"我知道这听起来很残酷,但是,嘿,只是开玩笑而已。哈哈一笑,既无伤大雅,还能测试一下我们忍受恶心的底限。顺便提一句,我开的价钱总是比他们低得多。我知道应该开高价,可是不知为什么,"吃毛毛虫"或是"咬掉小鸡的脑袋"这种话随便说上一说,我并不觉得怎样,倒是一些真要去做的赌注更让我恶心。

那年,我两个儿子一个5岁,一个9岁,我们一起出去遛狗。我口袋里装了一些狗饼干,于是我问大儿子泰勒要怎样做他就会吃下一块狗饼干。他大笑地回答说,只要我吃,他就吃。我二话没说就拿了一块放在嘴里,面带微笑地把它嚼碎,咽下去,然后递了一块给他。不料他却说他只是开玩笑,硬是不肯吃。啊,失策了!

那一次,我教了儿子人生中最重要的一课:说话算话。我让他明白,既然他说过要吃狗饼干,那就一定得吃。他已经提出了交易的条件,而我做到了,那他也要做到。既然他说出来了,不管愿不愿意,都得遵守。话一出口,他就没有权利再改变主意了。我还就这件事为他上了另一堂重要的课——做不到的就别承诺。我对他说,如果回家之前他坚持不吃狗饼干的话,我们就在外面站上一整晚。在百般抱怨和抗议之后,他终于意识到,除了吃下这块狗饼干,他别无选择。最终,他吃了。

听完这个故事,也许很多人会说我是个冷血父亲。对此,我完全不能同意。那天泰勒学到了两堂人生中最重要的课,他永远都不会忘记。没有多少人懂得言出必行的道理,很多人每天都在对别人承诺他们根本办不到的事情。现在,我的儿子已经长大成人,一想起这件事他就哈哈大笑,说这两堂课自己学得太不容易了。

轮到你了。你的父母教给你最重要的一堂课是什么?

_____
_____
_____
_____

回顾过去,父母教给我们的那些道理会显得分外珍贵。在我们表达对父母的敬意和感谢的时候,我们也知道,总有一些道理是他们没有告诉我们的。下一个问题来了——

哪些道理父母能早点告诉你就好了?

能认识到父母教给你的宝贵知识固然重要,如果你能意识到,有些道理父母应该却没有告诉你,我相信这也是非常重要的。意识到这一点,并不是说你有理由将过错归罪到他们身上——你已经是成年人,不再是可以推脱责任的年纪。你倒是应该多看看周围,有哪些是你应该懂的,然后自己主动学习。回顾过去,你可以想象到如果父母教过你那些道理,你会变得和现在有什么不同,然后你会把自己孩提时代没有学到的宝贵东西教给你自己的孩子。

说说我自己。我父母把我教育得很好,让我掌握了过上优质生活必须掌握的规则。可是一说到钱,我的父母做得就不甚到位了。我们对钱谈论得很多,但大多是关于我们如何缺钱,我们该如何小心使用手头这点钱。我们会驾着车从镇子上的"富人区"驶过,羡慕地看着"另一阶层"是如何生活的。我非常清楚地知道自己生活在哪个阶层里,学会了为自己不能拥有更多财富而惭愧,相信有钱人是幸运的,同时也觉得自己十分不幸。父母教我珍惜自己所拥有的,而我却总能从中听出物质匮乏的意味来。因此,我对金钱的态度总是有些敬畏。我多希望他们当时能够告诉我,有钱并不是幸运或生来就有的权利。

我向Facebook上的朋友们提出上一个问题:"你从父母那里学到的最好的一课是什么"的同时,也问过哪些是他们最想知道而父母却没有告诉他们的。以下是一些回复:

我父母最应该教我的是多笑一笑。我们家里本来应该多一点笑声。——乔·卡洛威

我希望他们能告诉我,不一定非要打孩子,才能让他听话。——米歇尔·加里·帕尔默

我多希望他们能早点告诉我,多花点时间去闻闻玫瑰的香气,因为时光不等人。——卡尔·多艾尔

但大多数回答都惊人的一致:

我真希望父母能好好培养一下我的理财能力。——克里斯·戴琳格·塞奇斯

我只希望父母教给我如何应对债务问题。——玛丽·康

第三章 应该教给孩子的事情

迪特

我只希望父母早点告诉我如何利用贷款,如何保证每个月按时还款。为此我付出了沉重的代价,好在现在我终于学会了。——特里斯·里弗莫

我希望能从他们那里学到如何理财、如何明智地选择投资。——奥蒂·林

我希望他们教过我如何能更好地理财。——克里斯蒂·维布斯特

我唯一遗憾的是他们没有教我如何理财。不过,他们自己也不懂的东西,又怎么能教我呢?所以我还是自学吧。——斯奇普·卡内斯特

我希望父母教过我哪些东西?简单的理财知识。等到40多岁再去学这个真的很不容易。——比尔·帕里

只有一件事我父母没有教我,那就是:当有人告诉你"只要用信用卡刷很少的一笔钱"的时候,要相信你的直觉。——

安迪·班内特

我希望他们能多教教我关于理财的事。——斯蒂夫·威格纳尔

我希望妈妈和继父能教会我如何存钱、如何花钱。——格莱格·李维尔

每次碰到金钱问题,父母就认为这与我无关,从不与我讨论。他们把我照顾得很好,但如果能早点给我上上理财课,哪怕是一些简单的理财知识,也能让我活得比现在更好。只需要一些简单的知识就好,比如,操持一个家需要多少收入,如何攒钱,如何对待信用卡等。——比尔·艾尔蒂

我今年快53岁了……我希望父母那时候能多教教我关于理财和投资的事情。我从小在南方文化中长大,人们认为女性公然谈论赚多少钱、存了多少或是花了多少是极不礼貌的。我妈妈有本支票簿,但却从来没用过,因为钱都归我爸爸管着。——克莱尔·莱斯

他们应该告诉我金钱的价值,一个家庭应该如何赚钱、如

何花钱。——玛莎·帕特里·苏

如何理财(比如:怎样花钱才明智/愚蠢?怎样省钱?)。——帕姆·亨特

我只希望他们能教教我储蓄的复利是怎么计算的。——艾迪·齐沃科

我希望父母能告诉我存钱多多益善、花钱明智小心。我还希望父母告诉我如何避免冲动消费,如何让金钱价值最大化。——凯茜

如何赚钱,如何投资,如何让钱生钱!——威廉·布拉德雷

我希望小的时候父母能多和我谈谈关于金钱和理财的问题。除了讨论某个东西我们能不能负担得起,他们很少在我面前提钱。他们还认为讨论钱很俗气。——艾琳·福斯特

又轮到你了。你最希望父母能早点教你的是什么?

从我收集来的答案可以看出，我们最想从父母身上学到，而他们又没有教给我们的，大多是关于钱的问题。在我得到的几百条回复中，只有百分之一的人肯定地说，父母为他们讲解过关于钱的种种问题。百分之一。太可惜了，不是吗？对于我们这样一个深陷经济问题的社会来说，这又有什么好奇怪的呢？人们从小就没有学会如何用钱，长大以后理财当然一团糟。因此，我们先来谈谈钱的问题。

第3节

钱的问题

我们这个社会,经济一团糟——就算十年后你再读这本书,我说得依然没错——就算是英国人、中国人或保加利亚人读这本书,我说得还是没错。为什么这句话总是对的?因为相当一部分人连最基本的金钱概念都没有——如何赚钱,如何花钱,如何存钱,如何投资,如何与别人分享财富,如何享受财富。这些概念一天不弄明白,金钱问题就会永远存在。

可惜的是,许多父母都认为只有当自己非常富有的时候,才能教孩子金钱方面的知识。错了。我儿子对于金钱最深刻的理解恰恰是在我们最贫穷的时候得到的。我从破产中得到的教训正好为他们上了非常宝贵的一课。

有多少钱不重要，怎么花才是关键

我儿子印象中最美好的一次圣诞节刚好是我们最穷困的时候。我刚刚破了产，只剩下房子和车。圣诞节快要到了，我记得我和妻子根本没有钱为孩子们准备礼物。这样一来，孩子们就要察觉到我的公司已经倒闭，接下来我就得彻头彻尾地告诉他们以后的生活将要发生天翻地覆的变化。其实，我们的生活方式改变的迹象已经非常明显了：我们不再去外面吃饭，不再去电影院看电影，不再添置什么新东西，但是圣诞节还是要过的。穷有穷的过法，如果我能想出好办法，孩子们几乎不会察觉到生活和以前相比有什么不同。生日也好，圣诞也好，无论如何，只要你愿意，总是能想到绝佳的创意。当时我和妻子准备用来给孩子们过圣诞节的预算只有50美元。我们只能拿出这么多。别忘了，如果我们像其他人那么过，这点钱是远远不够的。而那样的话，我们就得拖欠房贷和车贷，在信用卡上透支得更多，那不是我们的做法。我们觉得，当你已经陷入财务危机时，还账是第一重要的，千万不能任由自己越陷越深。因此，我们只给自己50美元的限额。

当时泰勒10岁，帕特里克只有6岁，他俩都是典型的小男孩，喜欢户外活动，喜欢扮成军人玩打仗游戏，喜欢能让他们发挥想象力的东西。这就提醒了我,我们可以去剩余军用物资商店瞧瞧。我在成箱的二手用品里翻找,想从这些便宜得相当于免费赠送的物品里挑选出合适的礼物来。最后,我淘到一件旧的军衬衣和一顶旧军帽。我找了一些布头,自己动手给衣服上上下下都打上补丁。我又找来旧的军用水壶和废手榴弹,还有旧腰带和旧军毯。我还以14美元的超低价弄来了一顶旧帐篷。平安夜,我和妻子把起居室清空,在那儿支起了帐篷。第二天早上,孩子们一觉醒来,忽然发现家里多了一顶帐篷和许许多多总价值只有50美元的礼物。他们开心极了,对礼物爱得要命,说这是他们过得最开心的一次圣诞节。我和妻子花最少的钱,却创造了一个奇迹,我们自己也觉得非常开心。与此同时,我们也真正了解了孩子,更加明白他们喜欢什么。我们用满满的爱,让一切都变得更加美好。

有一个非常重要的道理,你一定要告诉孩子:**口袋里有多少钱并不是最关键的,关键是你怎么花这点钱**。不过很可惜,父母很少会教孩子这个道理。我小的时候,父母并不富有,但我们每年夏天还是会去度一次假。在20世纪五六十年代,大多数人的工作安排是这样的:一年工作50周,休假2周。我的父母虽然没有多少钱,但总是会设法组织一次全家旅行。

有一年,我们去迪斯尼乐园玩。我的妈妈、爸爸、姐姐,还有爷爷和外婆统统挤在一辆1960年的没有空调的雪佛兰比斯坎里面。我们从俄克拉荷马的马斯科吉出发,开了很久才终于到达洛杉矶。我们在那儿有亲戚,所以住宿是免费的。一路上,我们靠车载冰柜里的三明治充饥。有两夜我们住在最便宜的汽车旅馆里,还有两夜就停靠在大路旁休息。住在小汽车旅馆里是一种巨大的优待,因为院子里会有一个水泥池子,里面盛满浑浊的水,这就是所谓的游泳池了。相信我,长那么大,我是第一次看到游泳池。

这次旅行非常艰苦,也非常炎热,因为我们开着没有空调的车,在炎热夏季横跨了得克萨斯州、新墨西哥州和亚里桑纳州,车里挤着两个孩子和四个超重的巨型胖子!但我对这次旅行的印象却非常之好。虽然过去了将近50年,但与现在相比,那些日子是多么有意思!我之所以牢牢记得它,是因为我知道,那是一段特殊的时刻。今天,如果让我再做一次这样的旅行,哪怕只是动一动念头,我都会痛苦得要命。但是对一个孩子来说,那是多么大的乐趣。

我现在还记得出发前,妈妈和爸爸坐在餐桌旁,数着有限的旅费。他们算计着哪些费用是不可避免的,哪些是可以节省的,好让我们的钱能够撑完全程。我爸爸在西尔斯百货公司工作,他还在亨利牧场(一个养鸡场)有几百只鸡和一些其他农场动物。他愿意卖掉一部分鸡和鸡蛋,不管怎样,都要促成这次旅行。

在我整个的成长过程中，去迪斯尼的这一次是我们最大规模的旅行。其余的几次假期我们都是在湖边度过的。爸爸买来一艘旧快船，自己动手把船身修补好，打磨光滑，绘上颜色，还改造了发动机。这样，我们就有了一艘性能还不错的快船。每年夏天我们都去湖畔度假，爸爸用这艘破旧的快船载着我在水面上航行。我们会在帐篷里住上整整两个星期，在帐篷外面生火或者搭起土炉灶做饭吃。这样的旅行同样花费不多，但在我们看来非常有意思，因为它完全不同于日常生活，我们一起待在野外，更像一个亲密的家庭。

回想这些度假的例子，我懂得了预算、节省和奉献的重要性，也更加体会到一家人在一起的快乐。

当情况完全相反时

有些家庭从来没遇到过缺钱的问题，他们的问题恰恰是钱太多导致了不负责任。请注意，我并没有说"问题就是钱太多"，我不觉得钱多是问题，我说的问题是不负责任。如果你手上有大把的钱，却没有教会你的孩子尊重金钱，对金钱负责，那么在我看来，你简直是在虐待儿童。

在A&E电视台的节目《大豪客》中，我遇到了一位有严重购物癖的女性。她的问题在于她对自己的外表十分介意。她身上穿的必须是崭新的衣服,而且是大家都没有见过的,这样她才能成为朋友们瞩目的焦点。她活在别人对她的新衣服、新鞋子、新珠宝、新唇膏和新指甲油的啧啧赞叹之中。她开着一辆崭新的奔驰车,以百万富婆的形象示人,而实际上,为了维持这种外在形象,她花费的也足有百万美元了。她和丈夫住在只有500平方英尺的小公寓里,除了一个沙发、一张床和一个化妆桌外,家里根本没有家具。他们没有餐厅和桌椅——这倒不是什么大问题,反正他们每天都在外面吃饭。也没有电视。墙面光秃秃的,没有一张装饰画,也没贴一张照片。为什么?因为她根本不会邀请别人上门做客,既然没人参观,那又何必麻烦?当我询问她为什么要这么做的时候,她告诉我,她爸爸对她说过,只要开上崭新的奔驰车,戴上劳力士金表,穿得像个百万富婆,那么其他的一切就都不重要了。我说这简直就是虐待儿童。她哭了。她知道我是对的,而她爸爸显然错了。他有钱,但他从没有告诉女儿要尊重金钱,要懂得如何用钱、如何投资、如何明智地省钱甚至是花钱。在这样的家庭中长大,她没能操控钱,反而被钱所操控了。

很多时候,有钱的父母没有时间教育孩子如何聪明地赚钱或花钱。他们只会娇惯孩子,以为不让孩子"受苦"、对孩子有求必应就是对他好。其实这样做是误导孩子把财富看成是理所当然的,相当于毁了他未来的人生之路。他们给孩子造成这样一种错觉：自己不需要工作，也能过上舒服的生活。在这种环境下长大的孩子往往容易滥用信用卡，最后搞得负债累累，因为他从来不懂得赚钱的价值。

不管钱多钱少，你都必须教会孩子如何赚钱、投资，如何理智消费。

在金钱问题上，你是怎么教孩子的？你会坦诚地与他讨论关于赚钱、物价、如何做预算和如何存钱的问题吗？为什么没有讨论？害怕吗？

从零用钱讲起

就从给孩子零用钱开始。就像你自己每周在固定的时间领到薪水一样，你也要每周固定一天给孩子零用钱。也许你领的是月薪，可一个月对孩子来说太长，他对时间的掌握还达不到那么好。每周一次更适合他。

告诉孩子，只要他担负起在这个家庭中的责任，那么这些钱就是给他的报酬。所谓的家庭责任都包括：打扫自己的房间、收拾好自己的东西、把自己的脏衣服放进洗衣机里面、父母做饭的时候在一旁打下手、帮忙端盘子、清理垃圾。这些日常杂务就连最小的孩子都能做。就算是一个两岁小孩，这份小小的责任清单也难不倒他。这样做可以从小培养孩子赚钱的意识。这是一个非常简单的道理——要有工作的意愿,工作会带给你回报。

不管孩子做得如何,你都要定时发钱,就像老板给你发薪水一样。如果你做得不能让老板满意,他不会扣下你的薪水,而是会找你谈话,希望你做得好一些。你仍然能拿到钱。同理,如果孩子做得不能让老板满意(这老板就是你),你也不能扣下孩子的钱,而是要好好和他谈一谈,告诉他怎样才能做得更好。

这和一些特殊的工作,比如洗车之类的有所不同。在做这些工作之前,你要先谈妥价格,提出你的期望标准,对数量或质量有何要求,最后根据结果付钱。如果结果达不到双方事先同意的标准,那么你有权不付款。在这种情况下,我强烈建议双方要拟定一份书面合同,并且双方签字。这是你一定要让孩子记住的,工作必须签订合同,即便有一点小小的偏差,都会对结果造成影响。所以,一旦在合同上签了字,就具有了法律效力。

当孩子长到十几岁的时候,你就可以考虑给他开一个账户,办张银行卡了。根据孩子的年龄和你自己的经济状况,你可以每月适当地在里面存一点钱,让孩子可以自由取出,也可以刷卡买他喜欢的东西。不管是增加孩子的独立性,还是让他接触银行和信用卡,学习如何消费,这都是个好办法。

实际上，给孩子零花钱的真正目的就是教会孩子如何量入为出。给孩子零花钱的时候，你要告诉他一个负责任的人应该如何用钱。如果你自己在这方面做得很好，那就一定有许多心得体会告诉孩子。如果你自己做得也有问题，那就读读我的书——《你让自己破了产：如何走出窘境，重获成功》。

不要只是把钱塞进孩子手里，说："这是你的，你爱怎么花就怎么花。"这话自然没错，钱交到孩子手里，就由他来任意支配。但你必须告诉孩子哪些事应该做，哪些不应该，否则就是不负责任的做法。

10-10-10 法则

10%储蓄，10%投资，10%捐助。

告诉孩子，他应该将全部收入的10%用来储蓄，以备将来有"不时之需"或突发状况。当然，你要首先告诉孩子10%是什么意思。如果孩子非常小，你只给他1块钱，那就分成10枚硬币，告诉他将一枚硬币存入银行——用小猪存钱罐代替银行就好。接下来，用收入的10%投资。这对一个4岁孩子来说这太难了些，但你可以想办法帮他理解这个概念，告诉孩子如果他愿意给你一枚硬币，一年后，你会返还他两枚。让他自己决定，你可以强烈建议他投资。再接着，向孩子解释用10%收入做慈善捐助的重要性。这并不是一种宗教思想——除非你希望孩子将它视做宗教思想，而是孩子从小就应该有的一种公益理念。你要告诉他，许多人因为各种各样的原因，需要得到别人的帮助，社会上有许多慈善团体专门帮助这类不幸的人。孩子年纪虽小，却往往有颗博爱的心，只要有机会，他很乐意帮助别人。最后，孩子的零用钱还剩下70%，这部分可以由他任意支配。他可以把钱存起来，将来买一些真正需要的东西，也可以三两下就花光，等着下周再领钱。

这是你向孩子灌输目标和优先顺序的好机会。

有没有什么东西是孩子非常想要的？一件特别的玩具或是参加某项活动？不要急着掏腰包满足他，要让孩子自己存够这笔钱。让他在正常储蓄的10%基础上再多存一些，这部分钱是用来买他看上的某样东西，不是用来应对不时之需。让孩子写下购买这件东西需要的钱数，再决定每周要存多少钱。这个办法让孩子懂得了如何设定目标和优先顺序，以及如何储蓄。在目标实现前有所期望和努力，也会让目标的实现显得分外珍贵——为了它，你付出了努力。

还有一点也是父母应该让孩子知道的，欲望满足得太快，不一定是好事情。就算你买得起，也不一定立刻就要买下来。要学会等待，学会忍耐。不要因为某个东西漂亮，就急急忙忙地掏钱包。决定作得越快，后悔来得也越快。

应该让孩子及早明白10-10-10法则。不要认为孩子现在还太小,不会懂得储蓄、投资和捐助……他是不懂,但只要你肯花时间和心思,你完全可以向他讲明白。别以为教孩子省下一枚硬币,或是教他从手里仅有的10枚硬币中拿出一枚来给你都是没有意义的——就是这种思想,才让我们成了今天的样子。看看上文中那些成年人希望父母能早点教会他们些什么。在那份清单上,金钱问题排在头一位。学着理财,从何时开始都不算晚。如果你从小就掌握了扎实的理财常识,那么当你慢慢长大,手里的钱越来越多时,你一定能从中受益。

储蓄、投资和捐助都是习惯。习惯培养要趁早。

别让家庭收支成为秘密

让孩子了解家庭收支情况是正确的做法。这样孩子会了解到,原来家里有许多需要用钱的地方是他未曾考虑过的。他必须知道,不是打开开关就会有灯光,你必须先付电费;有些支出项目是他从表面上看不到的,比如保险;有些看似平常的享受都是付过钱的,比如购买热水采暖器。他需要了解,在生活中所能享受到的一切都是有价格的,他必须知道价格是多少。

鼓励孩子的创业精神

到了某些时候,孩子会想用你给他的零花钱赚到更多的钱。如果他一直没有这种想法，你倒要反思一下给他的零花钱是不是太多了，让他花也花不完，或者他不懂得如何设定目标，如何为实现目标而筹划，还是他要什么你就给他买什么，所以他觉得自己用不着去赚钱。如果是以上几种原因中的任意一种，那么你需要调整自己的做法了。

当孩子有了赚钱的想法，你必须予以鼓励。我小的时候，送报纸的工作非常流行。我会顺路捡些饮料瓶去卖，也会从我家的大菜园里摘些新鲜蔬菜，放在我的红色送报车里，挨家挨户去兜售。孩子能做的工作还有修剪草坪、清理落叶、摆放柠檬水、照顾小孩、照顾宠物、遛狗等等，这些工作都能赚到钱。你可以陪孩子一起工作，让他把赚到的每一笔钱都按照10-10-10法则合理分配。

对于孩子的小小事业，你要适当地给出建议。你可以教孩子一些销售技巧、客服理念、定价技巧、成本控制法以及如何让领导满意的方法。你还要教孩子如何讨价还价，如何把握损益等。当然，传授知识要根据孩子的年龄大小和工作复杂程度而定，但任何一个工作机会对孩子来说，赚到的钱都不是最重要的，学到生意和生活的知识才最重要。

我的小儿子帕特里克刚上高中的时候，开始做一份销售旧珠宝和其他饰物的小生意。在我刚刚开始演讲的时候，经常会用到这类东西，所以我手里有许多供货商的名录。帕特里克觉得这是个商机,他可以联系目录上的商家,以0.25美元的价格买进,再以1美元的价格卖给他的同学们。这个价格仍然比正常零售价便宜了一半。我资助了他25美元,他承诺一盈利就马上还给我。他拎着我的旧皮箱,装着满满的商品,趁午餐和休息时间在学校里售卖。为此,我专门找到他的校长,对他说,既然有人在校园里售卖毒品,相比之下我儿子卖的饰品有益无害。当然,我的对比让他很是郁闷。我接着说,帕特里克是想借此学习商业经营的宝贵经验。但校长还是坚持说不行。我想大概是帕特里克做生意赚的钱比他多,让他心里不舒服吧。交涉的结果是,学校不允许帕特里克做生意,至少在校园里。于是我的小儿子就在校园外面继续销售了一段时间,狠狠地赚了一笔。

你应该鼓励孩子琢磨赚钱的方法。互联网上有许多不错的网站可以供孩子利用,只要用Google搜一搜,也许就能发现很好的创意。

一旦孩子开始自己赚钱,你就应该带他去银行,开设一个活期存款账户和一个储蓄账户。不要代替孩子去,你要和他一起去。孩子要有和银行打交道的经验。你要教他如何开支票,如何查看户头余额和支出去向,如何控制收支平衡等。

放贷给孩子

放贷之前先和孩子商量好还贷方式。再强调一遍,你们最好写一份简单的合同,将条款清晰地列出来,包括细致的还款计划。这样对孩子是不是太残酷?不是的。这是一堂生动的教育课,告诉孩子真实的世界是怎样的——你借了钱,就必须还。真实的世界奉行的就是这样的规则,而许多成年人小的时候却从没有学到过这些规则。

帮孩子渡过难关

这是你应该做的——只此一次。如果孩子一再犯下同样的错误,而你一次又一次地替他摆平麻烦,那么孩子唯一学到的就是你会搞定一切麻烦,而你的好心之举只会让不该犯的错误一次次重演。

我的儿子泰勒18岁时,曾经开了一张80美分的支票。这张支票一再被银行退回,共退了三次。每次退票,银行都会对泰勒处以一笔罚金,最终,这张支票作为空头支票,被移交到地方检察官的办公桌上,80美分也立刻成了800美元的犯罪问题。泰勒出于愚蠢、尴尬和对后果的恐惧,一直将整件事隐瞒得严严实实,所以我一直没有察觉。最后,实在走投无路的他才泪流满面地坐在我桌前,将情况和盘托出:"爸,我完蛋了!"我将所有的银行文件查看了一遍,回答说:"没错,你确实完蛋了!"他对我说,如果这次我能帮他渡过难关,以后他一定好好生活,弥补过错。他觉得自己无路可走了,这倒是真的——大学读完一个学期,他就退了学。他决定去参军。考虑到当时我们并没有打仗,他的生活又是一塌糊涂,所以,参军在我看来也许是条好出路。我给了他一笔钱,让他解决当前的经济危机,然后我就陪他去了新兵招募处。在军队里,泰勒整个人都变得不一样了。现在,他是我所见过的在财务问题上最谨慎的人之一。他懂得如何储蓄,懂得权衡哪些支出项目需要优先考虑,他擅长投资并且懂得享受。他看重良好信誉的重要性,也知道在他想要买辆新车时,良好的信誉可以起到什么作用。他也知道如果想在30岁时买套房子,那么从18岁起就按时付清账单是多么重要。

帮助泰勒度过困境是我做得最正确的一件事。从那次教训之后,他懂得了对自己负责,他提出一个切实的计划,让我相信一切都会和从前大不一样。如果当初他没有任何计划,只是一味地向我哭诉一切都对他不公平,那我一定会叫他自己去承担愚蠢引发的后果。

帮孩子渡过难关——只此一次。你要让孩子从过错中真正学到东西,在过错中担负起自己的责任,并且知道以后如何避免此类错误再次发生。

让孩子掌握理财中要用到的数学知识

孩子在学校里会学习基本的数学知识,但他并不知道这些知识与实际生活有什么关联。所以,你可以借这个机会,教孩子如何将加减乘除运用在理财上。

加是把你赚到的钱和你原有的钱汇总在一起。

减是从你所有的钱中去掉你花掉的钱。

觉得这些太简单?你相信吗,许多成年人从来都不做这最简单的加减法。教教你的孩子吧。

百分率和乘法计算。最近我看到一项调查,当被问到"某件产品标价300美元,打五折销售,现在价格是多少"时,答出正确答案"150美元"的被采访者只有不到一半。太让人痛心了。现在你还奇怪为什么我们的经济状况一团糟吗?

我的父母都从事零售业,所以,在很小的时候我就学会了如何计算百分比。逛商场的时候看到"降价30%"的广告牌,我马上就能说出这件商品的折后价是多少。怎么办到的?是我妈妈教的,她告诉我降价30%,只要用原价乘以0.7就好。这就是乘法为什么重要的原因。如果是一件20美元的商品降价30%,你不需要用20乘以30%,再用20减去这个数字,只要直接用20乘以0.7,就可以得到14美元(当然,别忘了告诉孩子注意小数点。只要你为孩子示范几次,他很快就能掌握)。看起来这些都是"傻瓜知识",但我敢保证只有不到四分之一(也就是25%)的人知道这种快捷算法。

你还要把百分率弄明白,因为计算利率的时候用得着。告诉孩子利率6%究竟是什么意思。你也不知道？上网查，网上有许多信息可以帮你弄明白。假设你用信用卡支付了1000美元，利率是18%，你使用的是最低还款额，而且卡上不再收取任何费用，那么还清这笔款项要用153个月。去http://www.bankrate.com/brm/calc/minpayment.asp网站上，研究一下还款额与利率是怎么计算的，然后，明明白白地教给你的孩子。

在A&E电视台的节目《大豪客》中，我还遇到了一位不懂抵押贷款为何物的大学生。她的妈妈必须依靠二次抵押来为女儿付信用卡账单，还要供她开派对所需的费用。当我对这个女孩(22岁)说她的妈妈为了她办理二次抵押的时候，她竟然问我："什么是抵押？"我得承认，这问题简直令我措手不及。她的妈妈应该早点告诉她抵押贷款是怎么回事，还应该告诉她不要看上什么就买什么，也不要夜夜做"派对女王"。当然，最重要的是，应该早点阻止她上这种收视率极高的电视节目，在全国电视观众面前冒傻气。

如果你要买一幢25万美元的房子，告诉孩子你们实际上支付的远远不止25万。如果你们贷款30年以上，按6%的定额利率计算，这幢房子实际上价值53.9万。这个数字是怎么算出来的？在Google上搜索"贷款利息计算器"试试。

教给孩子信贷的知识

也许虐待孩子最坏的一种方式就是,没有教孩子任何关于信贷的知识。

告诉孩子信贷积分是什么,让他明白这是生活当中最重要的三个数字之一。一旦没有及时付清账单——就算是一份账单,信贷积分也会立刻受到影响。把你的信贷报告拿给孩子看,向他详细解释每个细节。让孩子明白信贷积分是如何在生活当中起到决定作用的——它能决定你还贷的数额、能否贷到款,甚至决定你将来能否被公司录用。

想要的 VS 必需的

让孩子明白想要的和必需的东西有什么区别。如果你自己也分不清的话,问题就有些严重了。可惜的是,绝大多数人都分不清。你根本不需要4个ESPN频道、6个HBO频道、3个STARZ和2个SHOWTIME频道,不需要60英寸的等离子电视机,没必要一个星期有4天都在外面吃饭,也不需要一辆新车。我怎么知道你不需要这些?很简单,因为没有这些你也一样活得好好的。那么有了这些又有什么错呢?完全没有。我拥有的比这些更多。我拥有这些并不是出于需要,而是和绝大多数人出于同一个原因——我想要。可是,我负担得起。你完全可以想要什么就有什么,只要你负担得起。

你怎么判断自己能不能负担得起某样东西？回答几个问题:

你的账单和欠债付清了吗?

你有可以随时支取的存款吗?

你拿出一部分收入做投资了吗?

你拿出一部分收入做慈善捐助了吗?

你买保险了吗?

如果这五个问题的答案都是"是的",那么好,去玩乐吧。只要是你买得起、不必借债的,想买什么就买什么。钱是你辛辛苦苦赚回来的,尽情享受吧。

当孩子吵着要买他想要的东西时,如果你能教他先考虑一下这五个问题,那么孩子以后就会养成慎重消费的习惯。

钱要花在刀刃上

如果外表可爱对你来说很重要,那么你的钱就要花在商场里;如果扮酷是你最看重的,那么你的钱要拿来买很酷的汽车和大屏幕电视;如果未来有经济保障是最重要的,那你的钱就要用在对未来的保障上。

这就是优先顺序。教会孩子权衡哪些事情对他来说是真正重要的,把钱用在最重要的事情上,之后再去完成次重要的。

慈善捐助

在上文的10-10-10法则中,我已经提到了要将收入的10%用来捐助慈善事业的法则。现在我来谈谈这样做的必要性。慈善与储蓄、投资同等重要。为什么呢?很简单,因为这是做好事,因为帮助那些一无所有的人非常重要。我16岁的时候,有一天爸爸在我面前坐下,说,有位女士和他一起在西尔斯百货公司工作,现在过得很艰难。她的丈夫离开了她,留下三个小孩子由她独自抚养,她自己又没有家人。可怜的孩子们圣诞节没有任何礼物可收。他说他想帮帮这位女士,但同时也意味着,给我买圣诞礼物的预算要缩减了。我回答道,没关系,我不会介意。我为爸爸乐于助人而骄傲。第二天爸爸下班回家,带回很多玩具和一件质地很好的毛衣,玩具给三个孩子,毛衣给那位单身妈妈。我妈妈帮他把礼物精心包装好。他不想当面送过去,这样会使那位女士感到窘迫。不过她不认识我,爸爸就叫我替他送礼物过去。我非常荣幸地接受了任务。平安夜,我抬着满满一大箱包装精美的礼物来到她家,按响门铃,把箱子交到她手上。她哭了,紧紧拥抱了我,问我是谁,这些礼物又是谁送的。我回答说,圣诞老人。然后飞快地跑开了。那一年,爸爸给我的圣诞礼物是我有生以来收到的最大的一份——慈善之心,要把礼物送给比你更需要它的人。我爸爸一辈子都没拿过1.7万美元以上的年薪，但不管自己赚得多有限，他总是不忘帮助别人。

我自己一直从事慈善活动，也把这种精神传递给我的两个儿子。在泰勒15岁、帕特里克11岁那年，我们一起去华盛顿旅游。两个小家伙一直生活在俄克拉荷马，从没有如此近距离地看到过无家可归的人。因此，当那些流浪者在华盛顿的大街上乞讨时，他们觉得非常震惊。帕特里克拿出一大把5分钱硬币，给每个人分了一枚。那是他专门为这次旅行攒了很久的钱。是的，5分钱也许微不足道，就连泰勒都对帕特里克的做法嗤之以鼻。(不过，泰勒的办法更聪明：他要流浪者们去找份工作。)我们都清楚，5分钱对那些无家可归的人来说根本起不到什么作用，但对帕特里克来说却完全不同。他觉得自己做了件大事，事实的确如此！慈善精神让他的生活发生了巨大变化。现在他虽然已经长大，却依然有颗善良的心，就算自己拥有的不多，也会拿出1美元施舍给街上的乞丐，或是为他们买上一杯咖啡和一份三明治。

不要以为只有等自己赚到很多钱以后才能做慈善。有些人说得很轻松：等我有了钱，一定分一些出来帮助别人。对此我深表怀疑。当你手里有1美元时，1毛钱就显得无足轻重；当你有了100元，10元钱也就不那么重要；但是当你赚了100万，捐10万元出来是多么困难！所以，你最好从现在开始就养成做慈善的好习惯。

还有一点你要明白,如果你在收入不高的时候就开始做慈善,那么将来你的收入会越来越高。为什么呢?你问倒我了,我也不知道。但真的是这样。我猜可能因为慈善是一件好事,而做好事者必定有好报。

还有……

教会孩子如何收支平衡——不管是虚拟账户还是纸质账单。

告诉孩子有关税收的知识:为什么要交税,如何交税,税款会用在哪里以及交税的重要性。

关于钱的最重要的一点

钱是好东西。钱可以带给你幸福。不要听信别人的话,那些高喊着"钱不能带来幸福"的都是没钱的人。钱可以让你住上大房子,买得起好东西,到世界各地游山玩水,享受穷人享受不到的东西。有钱没什么问题。

有问题的恰恰是没钱。贫穷是威胁,而不是荣耀。贫穷与高贵、光荣一点儿关系都没有。不要让任何人或任何宗教组织和团体误导了你和你的孩子。钱永远是个好东西。它让人们吃得饱、穿得暖,让生病的人得到医治,它也能衡量你为别人做了多少贡献。钱是对你所做贡献的奖赏。请注意,我没有说钱能衡量你的价值,它衡量的是你的贡献和努力。

拥有赚钱的能力而不去努力赚钱,这是一种耻辱,是对天资的极大浪费。如果你浪费掉赚钱的大好机会,没有尽到赚钱养家的责任,那就是你的不对。你要鼓励孩子努力赚钱,努力用赚来的钱照顾好他人。能赚多少就赚多少,能省多少就省多少,能享受就尽情享受。这是你要告诉孩子的真理。

然而,在孩子明白这些道理之前,还有几句话非常重要:

人永远比钱更重要。

不义之财不可取。

钱越多,责任越大。不要忽视了肩上的责任。

钱即是自由——想做什么、想怎么做、什么时候做、和谁一起做的自由。这就是有钱最大的好处。

在钱的教育方面,你做得怎么样?有哪些道理是你已经告诉孩子的?

没有任何借口

———————————————————————
———————————————————————
———————————————————————

还有哪些道理是你从自己的经验教训中总结出来的？

☀ ———————————————————————
———————————————————————
———————————————————————
———————————————————————
———————————————————————

哪些道理你还得好好教一教孩子？

☀ ———————————————————————
———————————————————————
———————————————————————
———————————————————————
———————————————————————

第 4 节
关系:关于家庭、父母和朋友

我们都希望孩子长大以后能和别人建立起亲密关系。不管他结没结婚,有没有长期稳定的伴侣,我们都希望他能得到爱和幸福。为此,我们自己首先要经营起一份充满幸福和爱意的婚姻关系,为他树立起榜样,他才能知道美好的关系是什么样子的。我们还要告诉孩子与别人保持良好的关系需要用到哪些技巧。

首先学会爱自己

我爱我自己。我爱我的妻子罗丝玛丽。罗丝玛丽也爱她自己。罗丝玛丽也爱我。我们都爱自己。

如果罗丝玛丽不爱她自己,我就很难爱她;如果我对自己不满意,那么罗丝玛丽就不可能对我满意。每个人要做到的最基本的事,就是对自己满意。如果你不对自己好,你就永远不可能对别人好。

为了带给别人幸福安宁,你必须首先学会让自己幸福安宁。有一句老话叫:"你填补了我的生命",很多年来它一直向人们传达了一种错误的信息。**没有人能够填补你的生命,因为从一开始你就是完整的个体。**在双方关系上,我不相信两个半圆能拼成一个完美的圆圈。你要让孩子明白,他是独立而完整的。只有这样,他与别人的关系才能健康发展。告诉孩子,他不需要别人带来幸福,别人只会增加他已经拥有的幸福,让他感到更幸福。

明白了这一点,孩子会在亲密关系中感到更舒服。

孩子的婚姻关系会是你的翻版

想要孩子有个好婚姻,你必须让他看到好的婚姻是什么样子的。这要看你有没有一段好的婚姻。如果你自己的婚姻还是一团糟,那你就要想办法改变它、修补它,或者结束它。也许这种说法看起来有些极端,但是我向你保证,孩子未来的婚姻关系一定会是你的翻版。

千万不要天真地认为,你可以把婚姻关系中糟糕的地方掩饰得很好,不让孩子知道。你有没有这样的经历,你去某位朋友家做客,隐隐发觉他们刚刚大吵了一架?有没有感到那种紧张的气氛似乎还弥漫在空气里?虽然他们满脸堆笑,但你仍然知道在笑脸的背后隐藏着矛盾。于是,你迫不及待地想要离开!有的孩子就是在这样的家庭环境中生活了18年,他能感觉到在表面的平静底下潜藏着紧张、痛苦和怨恨。别以为你能瞒得过他,孩子比你想象得要聪明得多。到底发生了什么,他心里清楚得很。

你希望孩子将来在婚姻关系中效仿哪些行为,你自己就要做好给他看。表达你对另一半的爱意。我就常常当着孩子们的面拥抱亲吻我的妻子,我们手拉着手,一起说笑。别误会,我可没有把她扔在沙发上,和她公然亲热。我深爱着我的妻子,所以,我的儿子们也会深爱他们的妻子。你看到了,就是这样的。

让孩子看到父母的冲突

有太多父母不希望孩子看到他们有分歧。他们会躲进卧室里,私下争吵。当然,不是所有的话题都适合当着孩子的面争论,这种时候,私下解决的确是个好办法,可是,我认为孩子必须看到父母也有冲突的时候,也会为许多事而争吵。为什么呢?因为一种健康的关系不可能没有分歧。我的儿子就经常在家里看见我和妻子争吵。我不是个随和的人,嗓门大、固执、爱挖苦人、好争论又嘴巴刻薄。我的妻子也是个固执己见、聪明、自负的人。所以，我们俩在很多事情上常常意见不一致。这能说明我们不在乎对方吗？当然不能。这能说明我们不该结婚吗？当然也不能。我们有分歧意味着什么？意味着我们是两个有独立思想的个体，也意味着我们尊重对方，也尊重我们之间的关系，所以我们要进行沟通，最终得到两人都认可的解决办法。这个道理你一定要让孩子明白。

当我听到有些夫妻说他们从来不吵架的时候，我知道，他们不是在撒谎，就是有一方非常专制，要不就是他们两个都是非常乏味的人，他们之间的关系是一潭死水。争论是很健康的沟通方式，可以让孩子明白很多事情，比如，你可以去爱一个人，但没必要事事都同意他的观点；婚姻是一种亲密而复杂的关系，其中充满了各种情绪。孩子应该看到，你们既能相亲相爱、幸福地生活在一起，也会伤心、发怒。他需要看到各个方面，这样才是健康的关系。你们的分歧让孩子明白，争论有错误的方式，也有正确的方式。错误的方式他到处都可以看得到——动用武力，或是贬低嘲笑与自己意见不一致的人。所以，你要让他看到正确的方式，这非常重要。

正确的争论方式是保持公平，其中最重要的一点是就事论事。分歧应该针对具体的事件，而不应该针对个人。当我和妻子发生争论时，我总是尽力将焦点放在我不喜欢她做的事情上,而不是不喜欢她的人。我和儿子们发生争执的时候也总是如此,我抨击他们所做的事,但不是抨击他们本身。当然,我也不是每次都能做到,但我总是尽量这么做。当我做到了,我们的争论就会变得很有意义;如果我没能做到,我就得向对方道歉,然后重新来过。

从孩子非常小的时候,你就要让他知道如何用公平客观的态度争论问题,这是非常重要的。一旦学会了这一点,他将来就不会陷入到恶劣的夫妻关系中。

拉里的婚姻观

想拥有好的婚姻,你该怎么做?下面是我传授给我的两个儿子的独门秘籍。首先,我认为人不到30岁就不应该结婚。我甚至认为美国应该将它作为一项联邦法律来执行。说到底,我觉得任何人在30岁之前都不可能真正清醒地知道自己是谁,而且在30岁之前,他们应该把绝大部分精力放在学业和事业上。那些18岁就早早结婚的人,很抱歉你听到我这么说,但是形势对你真的很不利。也许你的父母正站在一旁,面带微笑地说他们为你早早找到了归宿感到骄傲,醒醒吧!扪心自问,你真的放心让一个18岁的人替你作一个影响你后半生的决定吗?不放心?那你又怎么能相信一个18岁的人能为他自己的后半生作出周详、明智、一生不变的决定呢?所以,你要劝你的孩子等等,再等等,不要那么急着结婚。我知道议会永远不会通过我的提议,但我真心希望每一对父母都能奉劝孩子们在婚姻大事上沉住气。

  第二点,我认为两个人在结婚之前最好一起生活一年。这个观点又会让你火冒三丈吧?我知道的。"什么?你要我的孩子未婚同居?"不。我只是希望两个人在结为合法夫妻之前能尽可能多地了解对方。我希望他们闻一闻对方的屁臭、清晨醒来后的口臭和堆放在洗衣间里臭烘烘的脏衣服,看一看对方平常是怎么生活的,而不是只看到对方约会时神采奕奕的样子。我希望你在签署一纸婚约之前的一年里,每天都面对这些事情,好好思考在接下来的五六十年里,你能否一直忍受下去。我希望两个人能放下每段感情开始时都会有的激情与欲望,静下心来好好想想真正的婚姻是什么——意大利面和脏袜子。

  只有"试婚"一年之后,你才能真正了解一个人。不要自欺欺人,暂且在这件事情上放下你崇高的道德标准,让孩子在结婚前先和他的爱人"试婚"一年吧。

  如果全社会都能同意我的观点,我敢保证离婚率会降低很多。不过这是不可能的。所以,我们来谈谈接下来的话题:离婚。

离 婚

离婚不是孩子的世界末日。实际上,他们也许并没有觉得太困扰。你可以看看电影《塔拉迪加之夜》,当瑞奇·鲍比将他和妻子准备离婚的消息告诉孩子们以后,孩子们的反应是怎样的:"哦,天呐!要准备两份圣诞礼物啦!"

我的意思并不是把离婚看做儿戏。我希望你们永远不离婚,但有的时候好聚好散比维持一段变质的婚姻要好得多。一段变质的婚姻对孩子的伤害,远远比离婚更加严重。我们常常听到夫妻俩说他们生活在一起是"为了孩子",而我恰好相反——离婚是为了孩子。我可不希望儿子们以我不幸福的婚姻为榜样。这段婚姻已经不再健康,它没有了爱,没有了沟通,我们已经是貌合神离。我们彼此都不再深爱对方,无法勉强相处下去。离婚是解决我们之间问题最好的办法,也是我能为孩子们做的最好的选择。

如果你担心离婚以后,孩子们就要生活在一个破碎的家庭里,那就趁早丢掉这种想法吧。难道你不讨厌"破碎的家庭"这种说法吗?我对这个词深恶痛绝。要说"破碎的家庭",那一定是我和我孩子的妈妈组成的那个家庭,而不是我离婚之后的家庭。离婚之后我有了一个完整的家庭:我再婚了,找到了一位相爱的、有趣的、可以交流的伴侣,有了一份健康的、可以为儿子们树立起榜样的婚姻关系。儿子们有时和他们的妈妈一起生活,有时和我一起生活。这个家庭并没有破碎,只是有了两套房子而已。我前妻那里是家,我和我妻子这里也是家。我们仍然深爱着他们,希望他们过得幸福。

如果你正面临着离不离婚的问题,那就一定要开诚布公地和孩子谈谈这个问题。告诉他你为什么要离婚。尽量公正地评述这件事情,不要把对方一贬到底,而把自己烘托得像个英雄。在一场失败的婚姻中,没有谁是英雄。不要自以为是,你们双方对婚姻失败都负有责任。所以,一定要公平。如果你对对方真的说不出什么好话来,那就什么都不要说。我有很多年,直到我的儿子们年满18岁,都没有说过一句我前妻的坏话。我从来没有诋毁过她。我们可以为了孩子的监护权、财产分割或别的什么争得不可开交,但我从没有说过她一句坏话。我有理由说吗?当然有理由,可是我没有这么做,因为不管我对她的感觉如何,她仍然是孩子们的妈妈。我必须尊重这种血缘关系。

在任何离婚大战中最重要的一点,就是不要让孩子有负罪感。你和你的另一半不能继续生活下去,错不在孩子。你必须让孩子明白这一点。此外还要记得,永远不要让孩子成为你们争论的中心,这对孩子是最大的不公。让孩子远离你们的

"战火"。

只要有足够的爱、诚实和坦率的沟通,孩子可以接受任何改变,这三点足以支持他经受住父母离婚的考验。

约会的事情

一说到约会,就要谈到一个最主要的问题:"什么时候开始约会才合适?"这取决于孩子的个体成熟程度。有些孩子很早就可以约会了,因为他们比别的孩子更加成熟、负责任。在这个问题上没有什么绝对的答案,全凭你对孩子的了解。你要知道孩子是不是已经准备好了,还有,他究竟要和谁约会。

当孩子可以去约会时,父母要为他建立一套行为准则,甚至还要制定几条纪律,比如,什么时候可以把约会对象称作女朋友(或男朋友),什么时候可以把"定情信物"戴在身上,什么时候可以"确定关系"。——还在上小学的孩子就不用考虑了,他们实在太小了。不过,有些四五年级的孩子就已经公然"出双入对"了。对此,父母绝对不能加以鼓励,至少得站在中立的立场上。

在孩子约会的问题上,你最有可能面对的是来自于孩子同龄人的压力。你会从孩子嘴里千百次听到这样的话:"可是希瑟的妈妈就同意了!""比夫的爸爸允许他用车!"你会听到诸如"大家都这么做",而你似乎是全世界唯一一个不允许孩子这么做的家长。别妥协。别对这种压力低头,和孩子坦诚地谈一谈,告诉他你为什么要立下这些规矩,为什么一定要知道他去哪儿约会,和谁一起去。让他知道你爱他,这样做是为了他好。他是你的孩子,你必须保护他。当然,你也不要太过严厉,或者太墨守成规,只要做到通情达理、认真负责就好。

家有女儿

如果哪个傻小子闯进你家大门,嘟嘟地吹着号角,要把你的小千金带走,那你说什么也不能放她走。他可以走进来,向你问好,面对你可能会有几分钟忸怩不安,并且向你保证他会尊重你女儿,在规定时间之前把她送回来。如果他没胆量这么做,那他就不能接你女儿走。老土?也许吧。你的女儿会转着眼珠向你抱怨?可能吧。你应该让步吗?绝不。对女儿的约会加以限制条件,这是良好家教的表现。从男孩子如何遵守这些条件,你也能看出他有没有良好的家教。因此,如果你有儿子,一定要教他先礼貌地敲开女孩家的门,见见她的父母,然后再带人家的女儿出去。

十几岁的男孩子想的只是性。谁敢否认说不是,谁敢发誓说自己没尝试过,谁就是在撒谎。他们想和你的小女儿做爱吗?绝对想。所以,要让你的女儿做好应付这类事情的思想准备。不要隐瞒真相,要直接把男孩的本质告诉她。当她质疑道:"可他不是那样想的"时,不要肆意地哈哈大笑,因为她是发自心底地认为那个男孩子真的不是那样想的。当然,你我都明白,他确实是那样想的。你只要表示希望她是对的,然后该说什么就说什么。

你要让女儿明白一件事,不是只有暴露才能受欢迎。我曾经在各种访谈节目中看到一些小姑娘们说,如果不和男孩子做爱,她就不会受欢迎。你的女儿在这个年纪最渴望的当然是受男孩子的欢迎,但你要让她知道,拒绝不等于不受欢迎。

要告诫女儿不要卖弄风骚。风情与风骚是两码事。风情万种可以引来爱慕的目光,而卖弄风骚只能招来委琐的注意。

家有儿子

有些小女孩简直就是掘金者。她只看重你的儿子能为她买什么,带她去哪里约会,或者能为她的脸上贴多少金。如果男孩有钱,或者长得帅,再或者是个足球明星或别的体育明星,她就会对他千依百顺。如果你是明星的老爸,就要赶紧敲敲你儿子的脑袋,让他清醒点。当然,事情总是两面的。许多男孩子只想和漂亮、受欢迎或是有钱的女孩约会——虚荣是不分性别的。

女孩子喜欢被优待。所以,你要教会儿子为女士开门,不管对什么年纪的女士都要这么做,要有礼貌;要善待她;要耐心听她讲话,哪怕她讲的内容你完全不感兴趣;言谈举止都要尊重她。女孩是这个世界上最美好的,只要你待她好,她就会永远爱你。

伤害女孩是最不可容忍的行为。你不能对她动手,也不能用她不喜欢的方式去碰她。现在,十几岁的女孩被"男朋友"虐待的事件越来越多,有些男孩觉得这没什么大不了。所以,做父母的必须让儿子知道,在任何情况下,伤害女孩都是不可饶恕的行为。

你要告诉儿子什么是忠诚和正直。如果他正和希瑟约会,那就不能在希瑟不知情的情况下再和别的女孩约会。如果他想约别的女孩(我认为年轻的时候多见见不同类型的异性绝对是件好事),那就要像个男人一样,坦率地告诉希瑟他想约别人。

男孩子们喜欢喝酒。一个十几岁的孩子,不会懂得只喝一两杯就适可而止,他们总是一醉方休。一个酒精和荷尔蒙双双飙高的男孩子做不出什么好事来,这时放他出去约会,就等于给了他一个积极的、充满爱心的倾听者,他会觉得自己足有10英尺高,并且刀枪不入。别忘了告诉孩子:喝酒、开车、约会,这三件事最好不要同时做,否则,他的后半辈子可能就这么交待了,他会像霍华德·休斯一样躺在病床上,等着你从门缝下面给他送点吃的。

青少年与爱

十几岁的青少年总是觉得他们在恋爱——在他们真正懂得爱是什么之前就已经陷入爱河一百多次了。我们都明白,但他们却不明白。他们真的相信自己找到了爱,实实在在的爱。不要嘲讽他们,要理解这是十几岁孩子的正常心理,要帮助他们走过这段"情感过山车"的阶段,摆脱荷尔蒙的控制,学会冷静处事。

他们会觉得心碎。你年轻的时候也是这样。你不吃不睡,情绪快要崩溃了。也许现在你不记得了,但以前真的发生过。你挺了过来,你的孩子也会挺过来。允许他号啕大哭,在电话里和朋友没完没了地说上几个小时,允许他冒点傻气,这些都是年轻时应该经历的。

约会的几条规则

要知道孩子和谁约会。不要找借口,就算会让孩子尴尬也必须问清楚,究竟约会对象是谁。

把你和孩子的表对好。告诉孩子,别想在12点15分的时候对你说:"老爸,我的表才刚刚12点!"这是行不通的。"我得找个地方加油,妈妈,我没发觉已经12点半了。"这也是谎言。

一定要实行宵禁。周一到周五每晚10点，周末最晚到12点。晚于宵禁时间回家必须受到惩罚。把这些规则提前制定好，然后坚决执行。

如果接走你女儿的那个小子打破了你制定的约会规则，那就禁止他再招惹你女儿。

鼓励结伴约会。虽然孩子们一成群结队就容易招惹麻烦，但有他人在场的约会却会安全得多。

如果你是单亲家长，现在恰好也在约会，那就为孩子树立个好榜样。

教会孩子如何与他人相处

掌握与他人相处的技巧，对孩子以后的成功非常关键。你要详细告诉孩子该怎么做，让他知道，别人会做傻事、错事，会做让人火冒三丈的事；别人有时很粗鲁，不懂得体谅他人、不负责任。这些都是很正常的。他要学会的是如何应付这些情况。有的时候，做错事的人必须为他的行为负责，你要告诉孩子如何冷静、礼貌、理智地请他站出来；有的时候事情无关痛痒，只要摇摇头，转转眼珠，一笑置之就可以，你要告诉孩子哪些事情应该这样处理。教他判断什么时候该冲突，值不值得冲突。在今后的生活中，这是孩子每天都要用到的宝贵知识。

要让孩子懂得倾听别人的辩解。就算对方的所作所为不值得尊重,但还是要尊重对方本人。告诉孩子要善良。要明白自己不可能不犯错,一旦犯了错,也不必太过紧张。告诉孩子,赢要赢得谦虚,输要输得高尚。这些都是孩子日后与他人融洽相处、赢得他人喜爱的关键。

孩子打架,父母不要偏心

兄弟姐妹之间一定会打架,这是自然现象,你大可不必为此气得发疯,你能做的只是告诉他们别对对方下手太重。我的两个儿子经常打架,即使现在长大成人也没有多少改变。他们两个完全不同,做的工作也不同,各有所长,也各有所好。他们对政治、宗教和其他许多问题的看法也完全不一致,他们两个竟然是一个妈生的,真是个奇迹。不过,我敢打赌你的孩子们也是这样。

我对待这种事情惯用的态度是,让他们俩自己去解决,不要把我牵扯进去。我叫他们关上房门,到外面去打,但是不要打伤对方,我不想看见谁被打得流血或是淤青。如果你觉得我说"流血或淤青"是在开玩笑的话,那么你一定是独生子女,或者你现在只有一个孩子。不管小男孩还是小女孩,他们的动作通常都很粗暴。别以为就算你不监视,他们也不会把对方怎么样,他们真的做得到。

我的儿子们不喜欢我这种态度，他们希望父母能够支持一方。有的时候,你必须出来调解争端,尤其是当其中一方比另一方更占优势、更聪明、年龄更大或者更狡猾的时候,但大多数情况下,让他们自己解决分歧是最好的办法。他们得学着如何交涉,如何在没有大人介入的情况下自己找到解决争端的办法。如果这一招不奏效,那么你家应该有不只一间屋子吧,把他们分开就好了。

孩子们打架是最正常、最不稀奇的事情,他们要借此学习如何在保证对方不受伤害的情况下解决分歧,将来在现实社会中他们就会知道该怎么办。你要给他们机会去体验愤怒、怨恨、羡慕、嫉妒以及其他所有的情绪,告诉他们如何控制情绪。只有在家里做好这些功课,孩子们在学校和其他公共场合才能控制好自己。

要避免孩子之间大打出手,你还要做到一点:不要在孩子之间进行比较。"姐姐的数学总是拿A,你为什么不能像她一样聪明?""你弟弟是明星四分卫,你却连个球都不会扔。"类似这样的话一定会在孩子们中间引起不必要的纷争。孩子们其实很容易自我批评,对于来自同伴的压力感受非常灵敏,因此,像这样的话只会刺痛孩子的心,引起更多问题。

不要偏心,要把你的时间平均分配给每个孩子,做到这一点并不容易。如果你是运动员,而你两个孩子当中有一个热爱体育，另一个对体育不感兴趣，那么对于你来说，对待不爱体育的那个孩子像对另一个一样好，是非常不容易的。可是不管怎样，你都要这么做。我参加过许多次露营，晚上钻进傻乎乎的睡袋里，睡在冰冷、坚硬的石头地上，差点冻掉了屁股，就是因为我的一个儿子喜欢露营。我讨厌露营，可我还是去了，因为这对他很重要。孩子们通常会根据你陪在他们身边的时间长短来判断你爱不爱他，所以，你要把时间平均分配在几个孩子身上。

关于亲密关系，有哪些是你教过孩子的？

_____
_____
_____
_____

哪些是你的独门经验总结？

_____
_____

没有任何借口

哪些是你还没有教过的?

第 5 节
饮食和健康

我们培养出来的这一代孩子,也许是史上第一代活不过他们父母辈的人。

让人讨厌的数据又来了。

营养过剩的问题

超重儿童的百分比增长率已经超越了警戒线。3个孩子当中就有1个是超重或肥胖儿童。

在蹒跚学步的孩子当中,体重超标的超过1/10。

美国的超重青少年比任何国家都多。

50%~80%的肥胖青少年成年后依然肥胖。

如果你的孩子18岁时体重超标,那么他有超过1/3的可能性会过早死亡。

如果孩子走路时左摇右晃，而不是两脚一前一后移动身体，那么他一定很胖！也许你并没有意识到他走路左摇右晃，我敢打赌，这是因为你走路也是这样的。如果孩子的裤子经常在大腿内侧处磨破，比膝盖磨破得更快，那是因为两条大腿在走路时互相摩擦。没错，你的孩子的确很胖！

我在电视节目上看到过许多关于父母惩罚孩子、不给孩子吃饭的故事，我们都知道这种行为是可耻的，是虐待儿童。在我看来，这样的父母应该被送进监狱，再饿上几顿，让他们自己也尝尝他们用来惩罚孩子的那些措施。不过，我们却很少想到相反的情况

——不让孩子吃饱是一种虐待，给孩子吃得太多同样是一种虐待。有几个把孩子喂得像大肥猪一样的父母被送进监狱了？没有。给孩子吃得太多，或者吃错东西，很显然是在毁掉孩子的健康。

有一次，我在路易斯安纳州的一家赌场作演讲。那儿唯一可以吃饭的地方就是他们的大自助餐厅。别误会，我非常喜欢自助，我喜欢那种大型的自助餐厅，尤其是在南部。炸鸡、炸秋葵、炸鲶鱼、肉汁……我的上帝，我简直到了天堂！有时候一顿饭都是煎炸食物也没什么大不了，但你不能养成这种习惯！正当我大快朵颐的时候，一家人走了进来。父亲的体重足有400磅，母亲也有300磅，他们5岁的孩子大约有85磅，足有正常5岁

孩子体重的两倍。更让我意外的是,他们还带着个1岁左右的宝宝,胖得像个大肉球,你简直看不到她的眼睛,因为她实在是太胖了。

他们在离我大约10英尺的地方把两张桌子拼了起来。母亲和孩子坐在那里等着,父亲去取食物。不一会儿,他就取回十几个盘子,把桌子堆得满满的。盘子里装满了各种食物,就是没有沙拉。父亲一坐下,他们就立刻低头狂吃,简直像一群饿极了的狗伏在饲料槽边。母亲往嘴里塞着炸鸡,一听到宝宝哭,就给她喂炸薯条。母亲对父亲说:"怪不得她总是哭个不停,原来是没有吃到甜食,给她取份冰淇淋吧。"

那一刻,我胃口尽失,只能死死钉在椅子上,看着这对令人厌恶的父母。只见父亲费力地站起来,流着汗,把他庞大的身躯从桌子旁边挤出来,摇摇晃晃地取了一碗足够三个大人吃的冰淇淋回来。于是,母亲给宝宝喂一口炸薯条,再喂两大口冰淇淋。宝宝满足地咯咯笑个不停。

我实在受不了,匆匆离开了。然而可悲的是,这样的场景在美国的每一个城市里、每一天都在上演。也许没有这么极端,但是父母们的确在用他们称之为食物的东西把孩子的脸蛋喂得圆滚滚。他们的孩子离了油脂就活不下去,终其一生都摆脱不了肥胖和由肥胖带来的各种疾病。

注意！任由孩子过度肥胖是不可原谅的行为。你可以通过控制饮食和加强锻炼这两种途径来维持孩子身高和体重的正常比率。他们摄入多少，又消耗多少，完全取决于你。别找借口，别犯懒，好好关心一下你的孩子，督促他们吃健康的食品，做充足的运动。

在9~13岁的孩子当中，大约60%的孩子在放假期间不参加任何体育活动。

大多数孩子就算在学校也不做什么运动。许多学校根本没有适合孩子的体育课，至于有体育课的学校，也只不过是每周有30分钟的活动时间。

锻炼的好处有很多。它不仅能帮孩子减轻体重，保持身体健康，每天不到1小时的运动就能达到减轻抑郁症状、增强超重儿童自信的效果，这是佐治亚医学中心的研究结果。没错，运动可以增强自信，改善孩子的抑郁症状，这不是比吃药好得多吗？

在家吃饭和在餐厅吃饭

关于饮食，我要说的第一条法则是：给孩子饭吃。听起来很蠢？不是的。根据Parenting.com网站上的数据，10%的孩子早上在家只能吃到冷食，11%的孩子上学之前吃不到任何食物。

是父母太忙，没时间为孩子准备食物吗？不要去外面买。这完全是疏忽大意。当然，如果你知道44%的孩子不按时刷牙，36%的父母眼睁睁看着孩子穿着睡衣去上学的时候，你就丝毫不会感到惊讶了。没错，这些数据都是真实的。

给孩子饭吃。我的意思不是说上学之前在他手里塞一瓶苏打水和一个炸面包圈。我的意思是，一顿真正的早饭。

下面是在家吃饭和在餐厅吃饭的基本区别。

在家吃饭

你在孩子面前放什么，他就吃什么。就是这么简单。别让孩子决定每天的菜单。

最近，我在电视上看到一位"爱心"妈妈说，她家的冰箱里塞满了鸡块，因为那是她4岁女儿最爱吃的。真的吗？是不是每次她抱怨食物不合口味的时候，你都做鸡块给她吃，所以她才会只吃鸡块吧？如果你盛给她的是其他东西，她也一样会吃。也许她还是会抱怨，甚至会哭闹着把食物扔掉，而你只需要把她送回房间里，断掉她当天的晚饭就可以了。什么？你是说把孩子关进屋子里，不给她吃的？没错。相信我，要是她真的饿了，就算是家人吃剩下的东西，她也会吃的。另外，她才只有4岁，什么样的家长会对一个4岁孩子的哭闹低头？不用说，一定是软弱、不负责任的家长。

你才是家长。孩子吃什么是由你决定的。你应该根据孩子的营养需要,计划好、准备好健康的三餐,**要给孩子吃他需要的,而不是他想要的**。你希望孩子在你家房顶上玩吗?不希望。为什么?因为这样太危险。就算是孩子又哭又闹,你也不会允许他这么做,因为这是极不明智、不负责任的做法。你才不会管他有多想上到房顶,他哭得有多惨,求得有多可怜。上房顶就是不对。同样的道理,孩子想吃什么就给什么,这也是荒谬可笑的。

> 小的时候,我家的菜谱只有两道菜可供选择:吃掉,或者走开。
>
> ——巴迪·哈克特

在家吃饭的时候,你正好可以教给孩子吃饭的礼仪,在餐桌旁应该如何表现:拿不到的东西可以请别人递给你,要记得说"请"和"谢谢",要帮着清理桌子。

在家里吃饭还可以纠正孩子的一些坏习惯,比如嚼东西的时候要闭着嘴,嘴里有食物的时候不要说话。我有一条规矩:"咀嚼的时候不要咂吧嘴",差点儿把孩子们逼疯了。可是有一天,孩子们的一个小伙伴来我家吃饭,我听到他们两个都对那个小伙伴说"不要咂吧嘴,这样很烦人,也很不礼貌"的时候,我知道我终于成功了。你也应该趁着在家吃饭的机会,教孩子如何正确使用叉子,不要让自己看起来像是在戳食物。一旦孩子在家里养成好习惯,当他去饭店吃饭的时候,自然就知道该如何表现了。

在家吃饭也是一个好机会,可以让孩子感受到准备一顿健康营养的饭菜是多么有意思,每个人都能从中得到乐趣。同时你也可以让孩子学学如何做饭,你甚至可以和孩子一起学。孩子可以参与到各种家务劳动中来,比如布置餐桌、饭后收拾、清洗碗碟等。我从小生活在俄克拉荷马的乡下,这些事情我全都会做。当我妈妈做的时候,爸爸就在一旁教我。现在,这些事统统难不倒我。

最重要的是,在家吃饭,全家人可以围坐在一起聊天。没有电视,没有电话,没有任何打扰,也没有主题。一般来说,不管是孩子的电话还是家长的电话,吃饭的时候不去理睬它都没什么大不了。一顿饭不会吃太久,这世界不会在你吃饭的时候毁灭。给自己留下一段喘息的时间,趁食物还热的时候,让十万火急的事情冷一冷!

在外面吃饭

大多数孩子都有很多在外面吃饭的经历,而且吃的往往和在家里大不一样。麦当劳、温迪快餐、阿比快餐、肯德基,以及诸如此类的快餐店对孩子来说已经稀松平常了。让孩子养成去快餐店的习惯,吃那些一成不变的食物,这样的家长是极不负责任的。当然,让孩子在家里一成不变地喝着苏打水、吃着高糖面包以及其他成品食物和腌制食物,同样是不负责任的做法。这样做,家长的理由往往是为了节省时间。真的节省吗?你把孩子们塞进车里,听他们争论着一会儿去哪家快餐店,一路开到那儿,花个把小时点餐吃饭,然后再开车回家,折腾了这么久,你们全家终于吃到了一顿"高营养"的快餐。其实,有这段时间,你完全可以在家做一顿真正有营养的饭菜。因此,节省时间并不能成为去快餐店的好理由。

也有人说去快餐店是为了省钱。你在开玩笑吗?我敢保证,你在家做一顿营养大餐——真正有营养的——要比你去快餐店便宜得多。

我并不是要指控快餐店。很多快餐店我都很喜欢。不过我也知道,总吃那些高热量、高脂肪的食物会对你的健康、你的身材和你的钱包造成多么恶劣的影响。偶尔吃点快餐没什么,但仅限于偶尔——一周超过一次都算作频繁。

如果你想带孩子出去吃饭,那就带他去真正的餐厅,当然,不一定是特别贵的地方。我有两个好餐厅推荐给你:德利餐厅和小地方餐厅。这两家的饭菜都不错,价格也适中,还很有特色。对于孩子来说,这些餐厅比那些千篇一律的快餐店要好得多。

第三章　应该教给孩子的事情

我的儿子帕特里克20岁左右的时候，曾经参加过一次学校组织的欧洲旅行。旅行结束回到家里，我问了他很多关于食物的问题。他告诉我，许多孩子一下了车，就直奔当地的麦当劳，这让他觉得非常可惜——他们去的是意大利罗马和希腊雅典这样的城市啊！我问他是怎么做的，他说他从街头小贩那里买了面包、黄油和肉，坐在麦当劳门外的长椅上，一边看街景，一边等着他的同学们在里面吃足了汉堡。我笑着搂住了他的脖子。这小子没有随大溜，而是把异国美景当做大餐吃了个够。

帕特里克为什么能这么做呢？主要归功于我。只要负担得起，我会经常带他们去吃各种美食。我常常带他们去潜水主题餐厅之类的真正的餐厅去吃饭，他们也就此懂得了什么是真正的美食，以及在餐厅里该如何表现。他们也会抱怨："我不喜欢吃这个"，但我和妻子从来不会去迎合他们。我们想去哪里就去哪里，他们两个必须听从指挥。当然，我的意思并不是说不让孩子有自己偏爱的口味。如果我们去墨西哥餐厅，要么他们乖乖地品尝墨西哥菜，要么就饿上一整晚。去意大利餐厅、泰国餐厅、越南餐厅、中国餐厅和日本寿司店也是一样。不管去哪儿，孩子们点菜时都像那里的常客一样。因为尝遍了各国美食，现在各种食物我儿子都喜欢吃。他们尤其喜欢去大餐厅，搜寻一些特别的食物，这会让他们欣喜若狂。每次我听到小孩子尝都没尝过一口就说他不喜欢吃寿司，或者以为意大利菜就是罐装意大利面时，我都会感到很气愤。带孩子多去各种餐厅，品尝一下不同的美食吧，贵的，便宜的，你们都可以尝试一下。

> "除非孩子买单，否则不必问他晚餐想吃什么。"
> ——福兰·雷博威茨

注意举止！

再没有什么事比在餐厅里看到教育失败的生动例子更让我烦恼了。你知道我的意思。有些小孩像个小恶魔一样，绕着桌子到处跑，因为父母没有告诉他们大人吃饭的时候他们要在桌子旁静静坐着。他们在公共场所又哭又叫，因为父母懒得把孩子带到外面，好好地教育他们一番。虽然行为不得体的是孩子，但这真是孩子的错吗？当然不是。孩子是可以教好的，可以听话的。**他们表现得不好，是因为没有人教他们要好好表现，也就是说，是因为他们的父母懒惰又没有责任心。**

我想就上文"在外面吃饭"中提到的一点展开叙述——让孩子自己点他要吃的。你先教他怎么看菜单，怎么挑选可能会合他胃口的食物，怎么把菜名报给服务生，再告诉他点菜的时候要看着服务生的眼睛，把他要点的菜名说出来，并且要用

"请"和"谢谢"这样的字眼,最后告诉他自己点的东西必须把它吃完,哪怕这份食物他实际上并不喜欢。我小的时候,有许多次自己点的食物端上来以后并没有那么好吃,我不喜欢吃,但我还是得把它吃完,如果不吃,那我就没有东西可吃。你的孩子也要明白这一点:就算你不喜欢事情的结果,世上也没有后悔药可以吃。

我的儿子帕特里克8岁的时候,我们一起去餐厅吃饭。我一直教育他要自己看菜单,自己把要点的菜礼貌而清晰地报给服务生。当我点好菜以后,服务生问我给小家伙点些什么,我就让她自己去问帕特里克。于是她转向帕特里克,问道:"你想要点什么?"帕特里克看着她,面带微笑,清晰地说道:"我要肝和洋葱,还有一杯咖啡。"她看看帕特里克,又转过头来看看我,问:"他会吃吗?"我说:"这是他自己点的,他会吃的。你一端上来他就会吃。"她摇摇头,走开了。我没有对帕特里克点的东西做任何评价,我不需要这么做。过了一会儿,食物端上来了。他吃掉了肝和洋葱,喝掉了咖啡,然后我们就离开了。

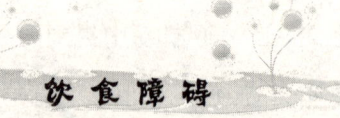

饮食障碍

首先,我不是这方面的专家,也不想假装专家。面对绝大多数问题,我的解决方法通常都是预防在前。我相信与孩子进行善意的、开放式的、坦诚的沟通,帮助他建立起高度自信,对解决饮食障碍会有所帮助。我相信你会尽可能地教孩子如何生活,如何做事,你希望你能教得非常好,他能够学会明智地作决定,但是有的时候他却做不到。有的时候孩子有情绪上的、心理上的或身体上的各种问题。如果是这样,你最好尽快咨询一位真正的专家。

饮食障碍是当今孩子们身上出现的一种问题。相当一部分饮食障碍的起因是太过看重外表,忽视了身体实质上的需要。我们的社会过分追求身材的完美无缺,这不仅是极其浅薄的,还会引起健康方面的问题。另一个原因是,孩子们崇拜的偶像在公众场合里的表现实在无法堪称"偶像"。如果孩子的父母把注意力放在真正重要的问题上,那么饮食障碍可以防患于未然。

具体来说,你要在吃饭的时候仔细观察孩子(尤其是十几岁的女孩子)。如果她常常不吃饭,或是边玩边吃,每天称体重,总是把节食、担心体重增加的话题放在嘴边,那也许就有问题了,请专业人士来解决吧。

关于健康和饮食,你都教过孩子哪些东西?

除了上文中提到的内容,你自己有什么独门经验?

有哪些道理你还没有告诉孩子?

第 6 节
学　校

关于作业和学习成绩

你有工作,孩子也有。孩子的工作就是去上学。你去上班,就必须完成你自己的工作,没有人会替你完成。你完成工作是因为那是你的责任。孩子的工作也是一样,上学是他的工作,他必须肩负起自己的责任。

也就是说,孩子的作业是他的责任。那不是你的作业,是他自己必须要完成的工作,不是你的。如果他需要帮助,你可以帮助他。注意重点,是**帮助**。你不能替他完成作业,只能帮助他把不懂的地方弄懂。

不要唠唠叨叨地督促你的孩子完成作业,他自己最清楚不过,如果他没有完成,自然要接受老师的惩罚。每九周,学校都会给每个学生一份评级表，这是对孩子工作完成情况的评估。做得好的孩子自然会受到嘉奖，而做得不好的孩子那就会落在别人后面，品尝失败的滋味。可惜的是，如今我们都不希望孩子轻易体会到失败，其实这对他们是有好处的。如果孩子什么都没学到就能通过考查，实际上那是一种巨大的失职。可是，现在的学校对孩子越来越放松，不管他们有没有学到东西都能过关。也就是说，当学校的责任没有尽到时，你要担负起责任。

我们先来说说最近兴起的取消字母评级的运动。我个人认为A、B、C、D、F级都可以保留，但E级应该取消！在现实生活中没有E级，我才不相信"有待改进"的说法，也不同意用笑脸和苦瓜脸来评级的办法，这简直就是胡扯！

有一些新兴心理学家和教育专家认为，给孩子F级代表着宣布孩子的失败，这样会挫伤孩子脆弱的心灵，让他以为自己是个失败者。可问题是，当孩子得到F，实际上他的确失败了！谁让他没有完成作业，没有通过小测验，没有学到该学的知识！在这个世界上，你随时随地都可能会失败，倒不如早点让孩子体会到失败的滋味。一个销售员没能把东西卖出去，说明他在说服顾客方面失败了；一位律师输掉了官司，他在客户面前就是失败的。世界上时时刻刻都有成千上万个失败的例子，趁孩子还小的时候，让他体验失败，学着从失败中吸取教训，这样，他就能在一种安全、没有威胁的环境下纠正自己的行为。在学校里失败,总比到了社会上失败要好得多。

把成绩分成不同等级还有一种竞争的关系。你看到别的孩子拿到A,你自己就会更加努力,争取下次也拿A。这是件好事情。

在评级问题上,当你拿到全A时——先冷静一下。我小的时候拿到过许多A,后来我进了高中,却总是拿B和C。为什么呢?因为我太忙了。我参加了学校里所有的戏剧排练,加入乐队,参与了许多活动。我的父母非常理解我这么做,他们知道兴趣广泛、能力全面是多么重要,这比拿到全A重要多了。

这个例子是要告诉你,千万不要时时刻刻敦促你的孩子拿A——要让他正常地生活。至于评级,拿个差不多的成绩就行了。你要关心的是他有没有尽全力做到最好,给孩子制造一种健康的氛围,别给他施加太大压力,鼓励他多方面发展。这才是真正的生活。

几年前,有一本书叫《A不是全能的》,是卫斯·罗伯兹写的。卫斯说得对极了,我也这么认为。我在这本书里所说的方法比学校评级表上的A更能让你过上富足、成功的生活。

关于学校,你教会孩子哪些道理?

第三章　应该教给孩子的事情

_____

_____

_____

_____

　　根据你自己的工作表现，你有哪些独一无二的经验可以传授给孩子？（别忘了，上学就是孩子的工作。）

☀☀_____

_____

_____

_____

　　还有哪些经验你还没有告诉孩子？

☀☀_____

_____

_____

_____

怎样应对学校暴力

我不想故意淡化孩子们当中的学校暴力，有时候这对孩子的伤害很大，我知道，弱小的孩子会受到羞辱，甚至是身体上的伤害。有的孩子因为害怕被欺负，甚至不敢去上学。我在本书的开篇就强调过一个原则，现在再强调一次：每个问题都有极端的例子存在，我无法就这些极端例子一一展开讨论。我不是资深心理学家或法律专家，不够资格从心理学或法律角度给学校暴力问题一个合理的解答。不过我倒是认为，绝大多数的学校暴力问题，只要用一点点基本常识再加上好的教育，是完全可以解决的。

我看到现在几乎所有的谈话节目中都会谈到学校暴力问题，也看过孩子们受到欺负的视频。我还见过有的妈妈拽着自己的孩子来到菲尔医生的节目或是晨间谈话类节目中，控诉自己的孩子因为各种原因被别的孩子肆意嘲笑。孩子的名字叫小胖，你知道吗，他真的很胖。该怪谁呢？家长们有没有仔细想过，孩子从这样的节目中下来，回到学校，会受到什么样的对待？父母难道不知道，正是他们自己写了一块"踢我"的牌子，挂到孩子的背后的？

发生学校暴力应该怎么办？当然家长应该介入。实施暴力一方的家长应该狠狠揍自己孩子的屁股，作为他欺负别人的惩罚。

被欺负一方的父母也应该好好问问孩子为什么会成为"受害者"。他们是自找的吗？"没有人自愿成为受害人，拉里。"你错了。我还记得上学的时候，每天都有很多孩子是自找挨揍的。他们大多是喜欢惹是生非的小混混，在别的小孩面前横行霸道，于是就有更加暴力的小孩出面，让这些小混混也成了受欺负的对象。有些小混混逐渐懂得了不要那么惹人讨厌。从某种意义上说，这些"受害人"欠了"施暴者"一个人情——若不是因为挨揍，他们也学不会收敛。

如果不是自作自受，那就看看你能为孩子做点什么。她是不是太胖了？帮她减减肥，别让她成为别人的笑柄。他是不是需要看看眼科医生，或者去做矫正视力手术？别再让他戴着厚厚的眼镜，看起来像只大眼苍蝇。总的来说，你是不是能采取一些措施？

学校暴力总是会选择好欺负的孩子作为对象。所以，你必须告诉孩子如何"不好欺负"。只有孩子强大起来，别的小孩才不敢拿他怎么样。我指的不是身体上的强大，而是整个外在的强大。一个走路昂首阔步、说话底气十足、做事沉稳大方的孩子一定是强大的，这种强大是建立在自信基础上的。你要帮助孩子拥有这种自信。**强大与体型无关，只与自信有关。**

如果上面的方法都不见效,那么你就要教孩子如何勇敢地抵抗学校暴力了。

施暴者最讨厌的就是遭到抵抗,他们本来针对的就是胆小鬼。所以,你要告诉孩子勇敢应战。通常面对抵抗,施暴者自然就会缩回去。"你是说要教孩子打架吗?"不一定,但该出手时就出手,至少别让孩子的身体受到伤害。你要教他保护自己。告诉老师只会让事情更糟糕:第一,其他小孩会更加把他锁定为攻击目标;第二,下一次挨打会更加严重;第三,下次再挨打时,你的孩子很可能连一个目击证人都找不到。

我上学的时候,学校里有个非常强悍的坏孩子,他专挑年纪小、个子小的孩子欺负,而我就是其中之一。当时我是个骨瘦如柴的新生,是这个家伙最喜欢的典型受害者。他会径直走过来,狠狠地给我一拳,或是给其他不如他强壮的孩子一拳,从没有人做过反抗。老师对这件事视而不见(也许因为他块头太大了,连老师都害怕他),于是,他就更加肆无忌惮。

有一天,他情绪特别不好。他跟着我走过停车场,然后一拳打在我的后脑勺上。大家都在看着,我的朋友,他的朋友,不过大多数人只是在看热闹,幸灾乐祸地想挨揍的不是他们。就在这时,我突然爆发了。我一把扔掉书,转过身去,一拳结结实实地打在他的鼻子上,打得他直流鼻血,又照他的屁股狠狠踢了几脚。我知道我快活不成了。可是,他站起来,看了我两眼,什么也没说就走了。我愣在那儿了,我猜第二天迎接我的会是一场疯狂可怕的报复,等不到放学,我就一定没命了。可是第二天我来到学校,在大厅里碰到他,以为他会把我拖到角落里揍我的时候,他却看都没看我一眼,径直走了过去。从那以后,他再也没有找过我麻烦。

后来我发现,这是对付施暴者的一种非常典型的办法。其实他们才是胆小鬼,只会等着愿意充当受害人的目标主动送上门来。虽然有的时候,你奋起反抗的结果是屁股被揍得稀巴烂,但我的爸爸对我说过:宁可血战一场,也强过活在恐惧中。他是对的。只要奋起反抗,哪怕打输了,也总好过甘当受害者,丢掉自尊和自信。

我可不是在鼓励打架。我不是个施虐狂,但我更不是受虐狂。不管你相不相信,学校并不能每时每刻都保证你的孩子安然无恙,而你又不能随时跟着孩子,保护他不受欺负。与其看着孩子挨揍,倒不如教会他如何保护自己。

另一方面,有时候你也得教孩子学会如何躲开麻烦,和坏孩子拉开距离。

我上初中的时候,有个同学叫维因。我对他的名字记得非常清楚,而且我敢说,此时此刻他一定正待在某所监狱的死囚牢里。我就不在这里提他的全名了,当心万一哪天他逃了出来,找到我。这个孩子曾经进过教养院,因为他把猫抓进鸟笼子里,往里面通了煤气,然后一把火把鸟笼子烧个精光。他真是个十恶不赦的坏孩子。我们都知道他很坏,他全身上下都透着邪恶的气息。他总是随身携带一把瑞士军刀,很开心地把它秀给我们看,还说他怎么用这把刀把我们杀死。他干得出来。我平时离他远远的。我们每个人都离他远远的。

如果你的孩子在学校里受了欺负,你要教会他如何站起来保护自己,不再成为受害者。有时候,一番掷地有声的言辞就能制止暴力:告诉施暴者你绝不会再忍受下去。有时候这一招管用,有时候不管用。无论如何,记住,你必须教给孩子保护自己的方法。等将来他进入成人社会,这些技能都会派上用场。

受欺负是孩子成长的必经阶段。为什么?因为生活本来就充满了暴力。

工作中有暴力。有的暴力来自你的客户,有的来自你的老板,也可能来自旁边格子间里的那个家伙,还有可能就是掌管办公用品的那个小主管。我曾经在一家公司工作,欺负我的竟然是个70多岁的老接待员,就连那个公司的老板都怕她三分。她是公司创始人在公司开办之初聘请来的。虽然那位创始人早就离开公司了,可她仍然在那儿,牙尖嘴利,暗箭伤人。

家庭中有暴力。世界充满了暴力。有的时候整个国家和政府都在恃强凌弱、蛮不讲理。

无论是何种形式的暴力,对付它的法则始终不变。一旦在学校里学会了这些法则,那么将来无论是在工作还是生活中,你的孩子都知道该如何应对暴力。如果不去学习,那么他只好一辈子都做那个受害者。

最后要说的一点是,永远别指望暴力能从这个世界上消失。你不能立法消灭它,也不能宣布它是不合法的。暴力永远存在。你必须学会如何与它共处。

关于应对暴力,你是怎样教孩子的?

☀☀＿＿＿＿＿＿＿＿＿＿＿＿＿＿＿＿＿＿
＿＿＿＿＿＿＿＿＿＿＿＿＿＿＿＿＿＿＿＿
＿＿＿＿＿＿＿＿＿＿＿＿＿＿＿＿＿＿＿＿

还有哪些法则是你还没有教的?

☀☀＿＿＿＿＿＿＿＿＿＿＿＿＿＿＿＿＿＿
＿＿＿＿＿＿＿＿＿＿＿＿＿＿＿＿＿＿＿＿
＿＿＿＿＿＿＿＿＿＿＿＿＿＿＿＿＿＿＿＿

第 7 节
高科技产品

电视、手机、电子游戏、互联网……多么不可思议的发明啊!它们是学习、交流和娱乐的巨大源泉。不过,和所有的好东西一样,这些工具一旦被滥用,就会出现问题。请相信,这些省时省力的高科技产品正在被我们的孩子滥用。

关于看电视

除了睡觉,孩子们用在看电视上的时间要远远多于其他活动。

6岁以下的孩子平均每天花在看电视上的时间至少是两小时,6岁以上的孩子增加到4小时。

每天花4小时看电视的儿童比每天花两小时以下看电视的儿童更有可能超重。

54%的儿童卧室里有电视机。专家指出,这样会影响孩子睡眠,也会成为包括过度肥胖在内的许多问题的主要诱因。

44%的儿童表示,他们独自看电视时,一定会和有父母在场时看的节目有所不同;25%的儿童表示,没有父母在场他们会选择看MTV。

在一项关于收看电视的调查中,62%的儿童表示在电视上看到过关于性的镜头,会让他们想要亲身尝试。

根据兰德公司的一项调查,在看电视与少女早孕这二者之间竟然存在一定的关联。研究称,平均每天看电视超过3小时的少女早孕的几率高达平均值的2倍。这其中的罪魁祸首并不是电视节目中的涉性镜头,而是一些对于性的影射。

看电视太多会引起许多值得关注的问题,比如健康问题,孩子们沉迷电视会导致过度肥胖;性问题,已经有调查证实,经常在电视上看到轻率性行为的孩子发生性关系的时间普遍较早。调查还发现,电视节目中的暴力镜头会让孩子对犯罪、暴力和死亡变得麻木。虽然我还不知道暴力镜头看得太多,会不会让孩子更容易犯罪,但我敢肯定愚蠢的节目看得太多会让孩子变得愚蠢。

对于看电视,我还有一个担心,这是到目前为止我所找到的所有研究资料中从来没有人提到的,那就是**看电视太多会让我们由实干者变成观察者**。我们都喜欢看别人怎么做,而不是自己亲自去做。在电视节目中看着那些肥胖者通过节食和锻炼减肥成功,多么轻松,总好过扔掉自己的薯条袋子,把肥屁股从软软的沙发上挪开,自己出去做运动。在电视上看保姆如何纠正孩子的坏习惯,比自己动手纠正自家孩子的坏习惯更是轻松得多!我们就喜欢坐着,通过电视看别人怎么生活,不愿意站起身来,动手改造自己的生活。

还有一个问题,即便你们全家人坐在一起看电视,彼此之间也并没有真正的思想沟通和交流,你们没有采取任何实质性行动来促进家庭成员之间的联系。我们往往会将看电视作为"家庭时间"的主要活动,以为这样可以增进感情。可是很抱歉,我必须告诉你看电视根本不能成为家庭时间里应该做的事情。你们在家庭时间里干什么都比一屁股坐在电视屏幕前强得多——一家人应该真正地一起做点事情。

我知道,这时候你也许会说:"可是我的孩子并不愿意和我一起做什么。"也许你说对了。他确实不愿意。他不愿意的原因是从小你就没有让他养成全家一起做事情的习惯。等到孩子长大了,再来改变既定习惯是非常困难的事,但也不是没可能。你可以组织一些游戏,比如打保龄球、打牌或者玩多米诺,也可以尝试一些其他需要全家人沟通和行动的活动。

每天看几个小时电视并不是给孩子负面影响的全部原因所在,真正的原因在于,看电视侵占了全家人沟通的时间,它占据了全家一起吃饭、一起做游戏、一起交流的时间。

你该怎么办？

首先把电视从孩子的卧室里搬出去。他会大发脾气,但脾气总会过去。作为父母,你要为孩子做正确的事情,完全不需要向他妥协。别把小婴儿放在电视机前,美国儿科研究会的专家说,两岁以下的儿童完全不应该看电视,屏幕会对他们的身体、心智和成长造成伤害。3岁以上的儿童每天看电视的时间越短越好,最多不能超过1~2小时。

控制这个年龄段的孩子看电视要靠父母管束。你可以利用童锁功能——查查看这种功能怎么利用,怎样让它起到控制孩子的作用。

选择合适的电视节目。你可以让孩子多看看教育频道,没有意义的节目一概不必看。看到真人秀之类只能作为反面典型的节目,你还是赶快换频道为好。现在电视上有许多很好的节目,你可以发掘一下,和孩子一起看,给他讲讲这节目要表达什么意思。

研究一下你的电视录像机怎么用,把好的节目录下来,这样你就不必担心没节目可看。录节目还有一个最大的好处,就是你可以按快进,跳过没完没了的广告。

尽量把孩子看电视的时间降到最少,一天两个小时就够了。也许孩子会和你争辩:"你为什么能看那么久?"说得好,也许孩子是对的,你也应该关掉电视,看看书,或者做做运动,都是不错的选择。

等孩子再长大一点,你就可以给他建立一套看电视的规矩:孩子只能看经过你同意的节目,只能在你同意的时间段看,只能在写完作业、完成其他任务以后看。多新奇的办法,不是吗?先做事再娱乐。如果你规定孩子每天只能看两小时电视,那就和孩子一起制定个时间表,帮他规划好时间。

手 机

一个十几岁的孩子每个月要打超过200个电话,平均每天要发大约80条短信。

在8~12岁的孩子当中,63%的人拥有手机。为什么?

当我在路上看到一个8岁小女孩拿着一部花里胡哨的手机聊天时,我真的很不理解,和她的小伙伴聊天真的这么重要,一刻都不能耽搁吗?难道她就不能等回到家里,用固定电话聊天吗?很显然,这是家长的问题。小姑娘的妈妈爸爸很容易被说服,他们无法对自己的小宝贝说"不"。

在孩子的生活中,究竟有什么事情重要到一定得通过手机说呢?根本没有。他没有最后期限之前一定要完成的任务,没有老板,他不需要谈生意,也不用维护世界和平。他只是孩子!我认为孩子真正需要手机是在有了车以后,当他开车出门遇到意外情况,也许会需要打手机求助。当孩子开始约会时也应该配手机,这样他就可以随时与你保持联系。给孩子配手机的合适年龄应该是16岁。当然,如果情况特殊,孩子需要带手机以应对紧急情况发生,那就给他准备一部紧急求救手机,把911和你的手机号设置成紧急通话号码。千万别让孩子用手机和他的小伙伴没完没了地聊天。这是非常愚蠢的做法。

不论孩子多大,配备手机都不是应有的权利,而是对孩子表现好、成绩好的一种奖励。

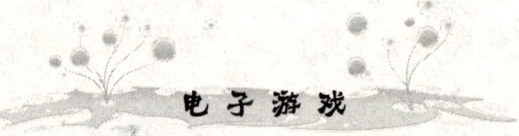

电子游戏

先看实例:

97%的孩子玩电子游戏。

61%的孩子每天都玩电子游戏。

61%的孩子也许不好好吃饭——我们还能想到,61%的孩子每天都不运动,61%的孩子每天很少和父母讲话,达到上学年龄的这61%的孩子甚至每天都不去上学。61%的孩子每天玩电子游戏,这个数字太惊人了。

根据加州大学的研究:

10岁以下儿童平均每天花在打游戏上的时间为3小时,上网、回复邮件为1小时,3.5小时看电视,2小时听音乐,1小时打电话。这就是孩子一天10个半小时的生活。

13~17岁孩子的平均情况:2小时打游戏,2小时上网、回邮件,3.5小时看电视,3.5小时听音乐,2小时打电话,总的时间增加到13个小时。

不管你怎么削减,花在电子产品上的时间都太多了。就算统计数字不正确,实际时间只有统计时间的一半,仍然太多了。

电子游戏最大的问题就是容易上瘾。连我这种忙得不可开交、根本不该玩游戏的人,都在黑莓手机上安装了敲砖块游戏!这是一种快节奏、挑战性强、训练大脑灵敏度的游戏。越是好玩的游戏,就越有缺点,相比之下,它会让其他的娱乐方式显得无聊。这就是为什么电子游戏会如此风靡,一切和它相比都失去了乐趣。加州大学还得到一项结论:过度沉迷于游戏会导致多动症,因为孩子会对这种快节奏的游戏习以为常,没有办法静下来做一些跟不上游戏节奏的事情。

沉迷于电子游戏也会产生与沉迷于电视同样的后果。孩子会因为缺乏运动而发胖,会与家人缺少交流,会对游戏中大量的暴力与色情场面习以为常。实际上,游戏中色情与暴力泛滥到简直让人难以置信的地步。我发现许多游戏中都有非常生动的暴力画面。这种暴力没有原因,也没有好处。你把一个应召女郎活活打死,看着她在大街上把血流干,或者从正面开枪射死一个人,赢得更多的钱,买更多的武器和毒品……像这种没有任何积极意义的场面在游戏中随处可见。虽然这类游戏都带有警告标志,应该受到限制,但我怀疑父母们根本没有注意过孩子玩的是什么。

该管管了。没收掉孩子的M级游戏和带有太多暴力、色情的游戏。你没见过、没考查过的游戏不要让孩子玩。限制孩子玩游戏的时间。在这件事上你需要稍稍强硬一点,要坚持住。当然,如果你自己也花好几个小时玩游戏,那么你的警告可能不会太有威慑力。所以,在指责孩子之前,你得先自我检讨,管好自己。

网　络

在获取信息方面,网络毫无疑问是最佳工具。它是巨大的信息源泉,也可以让你轻而易举地接触到各种危险人物。Facebook, twitter, myspace, linkedin以及其他网站随时有可能让孩子惹上各种麻烦。

有几个办法,可以保证孩子们上网安全:

首先,要把电脑放在家庭的公共区域,最好全家都能用。让孩子躲在门后僻静处上网没有什么好处,在他的房间里放置一台只属于他个人的电脑,更是自找麻烦。

你要能够进入孩子的电脑,也就是说,你要知道所有的密码,能查看孩子的邮件和他经常上的网站。没错,即便这样,他还是有办法对你保密,有些东西你还是控制不了,那就控制你能控制的那些。接下来,你要严肃地和他谈谈网络上的那些专门利用孩子的变态和危险分子。别忘了警告他发送色情图片和信息的严重后果。告诉孩子,一旦他把信息放到网上,那么顷刻间全世界都会收到,永远无法再收回。

孩子也许会把你的监督看做对他个人空间的极大侵犯,会激烈反对你查看他的上网记录。坚持住,继续。对他的抱怨听听就好,该控制还得控制,该干什么就干什么。

对于如何安全使用高科技产品,哪些道理你已经告诉过孩子?

_____
_____
_____
_____
_____

还有哪些道理是你的独家总结?

☀️ _____
_____
_____
_____

哪些道理你还没有告诉孩子?

☀️ _____
_____
_____
_____

第 8 节
正直、诚实与撒谎

诚实与欺骗之间没有灰色地带

欺诈已经司空见惯,诚实、正直却无处安身。

我最近在早间节目中看到一个关于欺骗的访谈。讨论嘉宾认为许多不真实的事情并不是欺骗,只是真相被改变了。什么?真相是不需要改变的。真相就是真相。

我最近在Facebook上看到一个年轻人用拉里·温格特作为他的用户名。当我联系到他,问他为什么要这么做时,他告诉我,他是我的崇拜者,想用这种方法来引起我的注意,好得到一个和我一起吃饭的机会,"从我这里得到些启发"。我问他为什么不像其他人那样直接给我发邮件,把他的要求告诉我,而要盗用我的名字和信息呢?他回答说他认为这不管用。当然他也没试过。我向他指出他盗用了我的名字，侵犯了我的权利，这是最大的问题所在。

我向Facebook举报了他，拿回了我的名字。接着，我在博客上讲述了这段经历，点出了他的名字，还附上他和我的对话，把他盗用我名字的前因后果都写了出来，说他是个身份窃贼。我的博客有几万"粉丝"，看到这篇日志，他们的反应令我大吃一惊。有1/4的人在留言里摆明立场支持他和他的行为，有的人甚至因为我称他为"身份窃贼"而认为我应该向他道歉，有的人开始指名道姓地骂我，有个人甚至说他不该只想和我吃顿饭，他应该向我索赔，还有的人说我不高兴是因为他比我更聪明。

看到这些回复的时候，我想也许是我太黑白分明——我认为当你拿取了不属于你的东西，那你就是个窃贼；当你说假话的时候，你就是骗子——这当中没有灰色地带。许多事情在对与错之间仿佛有灰色地带，但在诚实与欺诈之间绝对没有灰色地带。

对灰色地带的容忍已经变成教育的最大挑战。当我们的生活被各种谎言包围的时候，我们该怎么教育孩子要正直诚实呢？

我的答案是，你自己首先要正直诚实，看到谎言要揭穿它。没有谎言能从我面前过关。如果我的员工对我撒谎，我会解雇他。就是这样，我从不容忍谎言。我会和对方讲清原因，然后坚决请他离开。如果是一家公司欺骗了我,我会揭穿它,我会向公司经理说明我不会允许自己受到欺骗。这个道理我也告诉了我的儿子。

我总是对儿子们说:不管他们告诉我什么,只要是真相,我都可以接受。不管这真相有多么残酷,我都愿意面对。至于谎言,我无法忍受。

我的儿子泰勒经常闯祸。每次我都问他:"这是你干的吗?"他会看着我的眼睛说:"没错,是我干的。"然后他会接受我的惩罚。

当我问另一个儿子帕特里克同样的问题时,明明是他干的,他会赌咒发誓说他没干,而他因为撒谎受到的惩罚往往比闯祸本身受到的惩罚更严厉。

为什么一个儿子总是实话实说,而另一个儿子总要撒谎骗人呢?老实说,我也不知道。不过吃了几次亏之后,帕特里克终于改掉了说谎的毛病,他不再说谎——也许我该这么说:因为曾经说谎,所以他对说谎了解得更加透彻,所以,他对谎言的容忍度远高于我。

孩子与说谎

孩子会说谎,这是很自然的。不管你喜不喜欢,这种事总是发生。不管你与孩子的关系是否亲密、是否开诚布公,他总会撒谎。这是孩子对待父母的一种方式。我撒谎、你撒谎、我们大家都撒谎,这样就能逃避由我们的愚蠢带来的后果。了解了这一点,你就不会那么难过。

多数情况下,孩子们学会撒谎是因为看到父母撒谎。当电话铃响起,他们看到父母用嘴形撒谎:"就说我不在。"当妈妈穿上一件新衣服,他们看到爸爸撒谎说太好看了。孩子的眼睛是雪亮的——好不好看他们最清楚。

"这是个很严重的问题吗,拉里?"你说呢?孩子告诉你他的作业做完了,实际上他根本没做,这是不是大问题?我觉得是。你的女儿告诉你她没和别人做过爱,而实际上她每次做爱都不用避孕套,这是大问题吗?当然,我觉得是。如果你的孩子告诉你他刷过牙了,但实际上他没刷,这也是大问题吗?再说一次:我觉得是。谎言就是谎言。不管谎言说的是什么,谎言不分等级——谎言就是谎言。

告诉你的孩子,撒谎是不可接受的行为。让他明白撒谎掩饰错误所受到的责罚要比犯错本身受到的责罚严厉得多。你要说到做到。当然,你也要坚持说真话,为孩子树立一个榜样。

关于正直、诚实与撒谎,你教过孩子哪些道理?

没有任何借口

☀️ _____
_____
_____
_____

哪些是你的独家经验总结?

☀️ _____
_____
_____
_____
_____

哪些道理你还没有告诉孩子?

☀️ _____
_____
_____
_____
_____

签名的意义

要让孩子懂得签名的意义：在学校，你把你的名字签在作业上，就代表作业是你做的。这样，孩子很快就能明白签名的重要性——能够将自己的作业和别人的作业区分开来。如果你的孩子上幼儿园，那么他对在作业上签名应该不陌生。你要向他强调的是，当他在作业上签了名，就代表这份作业是他认可并引以为傲的。这个签名应该代表着他愿意让全世界都知道这份作业是他做的。

很多年前，有这样一则商业广告：不论是清洁工还是剪草坪工，每个人都在自己的工作成果上签名，表示他们完成的工作没有问题。这则广告要传达的是对自身技术的骄傲——这是当今社会奇缺的东西。我对这个问题深有感触，因为我写下的每一页都在证明我是靠文字吃饭的，我必须对我写下的东西倍感骄傲，因为我的大名就印在封面上。所以在每次下笔之前，我都会好好考虑很久：每一页都要写些什么？我意识到别人会去读这本书，他们会知道我是个负责任的作者。所以，这本书我写了很久，因为我要对自己写下的东西负责，为它们感到骄傲。我认为这个道理应该让每个人都知道：我们要认真对待每一份工作，就好像工作完成后我们要在成果上签名，每个人都会知道这份工作是我做的一样。

此外,签名还有一种完全不同的意思:你把名字签在上面,就表明你是支持它的,那么你就要为你的态度负责。

可是这些原则却被整整一代人忽略了,他们在合同上签字从来都是漫不经心的。他们觉得在买房合同上签署大名,并不代表他们真的会付房款,签名只不过是多此一举罢了!事实上,签名应该是你诚信的宣言,它代表着你的立场,所以,千万不要把它视作儿戏。我向你保证,签署合同的另一方可是相当重视它的。

第9节
帮孩子找到自己的目标

鼓励孩子去探索

我认为自己说过的最精辟的一句话是:"获得成功、幸福和富足的不二法宝是:发现自己的独特之美,并用它来服务他人。"

发现自己的独特之美很需要费一番工夫。很多人从来没有找到自己的独特之美。为什么呢?因为我们很少鼓励独特之美的存在。我们始终强调的是统一。我们告诉孩子要像其他孩子一样表现,而不是鼓励他发掘自我,找到他生命的真正目的。

我们总在孩子非常小的时候,就强迫他作出影响一生的重要决定。当一个小男孩说他长大后要当消防员或警察时,我们都知道下个星期他准会变卦说他想当医生或军人。孩子的想法是随心情而变的。随他去吧，没关系，这是成长的必经阶段。我是在宣扬不负责任吗？当然不是。孩子可以既有责任心，能够自力更生的同时，又能积极探索生命的终极目标。作为父母，你应该鼓励他去探索，不要限制他的思考空间。

我们也常常强迫孩子像我们一样短视，而不是鼓励他有自己的看法。我们多少次看到过这样的例子：当孩子还在娘胎里的时候，父母就替他决定好将来去做医生，而这仅仅因为父亲或祖父就是医生！如果孩子想当厨师或老师，或者想当艺术家，又该怎么办呢？所以，替你的孩子选择职业或制定人生目标是不可取的。你要教孩子如何发现自己身上的独特之处，扬长避短，认识到他可能对什么工作感兴趣，帮孩子找到属于自己的人生目标。

我们也常常会希望孩子成为我们成为不了的那种人。卡车司机的父亲和家庭主妇的母亲会希望他们的孩子成为大律师或是其他"有名望"的人。如果孩子没有能力做到，或者他根本不喜欢所谓的名望，父母就会紧逼不舍，到头来只会引起家庭冲突。所以，省省吧，父母们，让孩子自己决定他要干什么！只要他独立、有责任心、有能力，你的使命就完成了。

我的父母从来不会强迫我做什么。不管我做什么决定，只要我开心幸福、有责任心、有能力，他们就会支持我。他们定义成功的标准远远不是一个显赫的头衔或是一张唬人的名片。我十分感谢他们,是他们让我自由寻找属于我的生活之路。我爸爸去世得早,没能看到我今天的成绩。如果看得到,我想他不会感到惊讶。他一直以为我会成为一个牧师,因为小的时候,他们常常带我去教堂,而我又非常喜欢说话。我简直是说个不停——这一直是我的独特之处。

在学校里,所有的老师在学生手册里给我的评价都是"拉里喜欢到处跑"、"如果拉里话少一点,他的成绩会更好"、"拉里要学会观察和倾听,闭上嘴"之类的话。你能想象我的样子吧?我常常因为讲笑话讲过了头、说话声音太大、笑得太过火、拿课堂上的各种情况开玩笑而被老师狠狠批评,而当年所有让我受批评的"缺点"如今都成了让我赚钱的优点。

很多年以后,我的儿子泰勒经常因为在课堂上太喜欢说话而被老师教训。他的老师忍无可忍,对他说:"泰勒,你觉得将来你能靠讲笑话和逗别人发笑为生吗?"我那宝贝儿子回答道:"我爸爸就以这个为生。"老师才不会相信他的话,我保证。

我的两个儿子是如何找到自己的目标的

我的儿子帕特里克是想到什么就做什么的孩子。从跳舞到曲棍球到滑板到骑自行车再到其他的项目,帕特里克总想挨个尝试一遍。他极有创造力,什么都不想错过,除非他亲身试验过,发现这件事没什么意思才肯罢休。帕特里克从不妥协,这让我们全家人都非常困扰。他做什么都是全心全意、全情投入。虽然我们都被他折磨得精疲力竭,但还是鼓励他积极尝试,直到他找到真正感兴趣的东西为止。18岁那年,他对我说他想要一台缝纫机。你一般不会从你儿子嘴里听到这样的话,但帕特里克可不一样。当时快到圣诞节了,准备这样一份圣诞礼物不是什么难题,于是我真的送了一台缝纫机给他。圣诞节当天晚上,他就做好了一件衣服。他超喜欢他的作品。他找到了自己的兴趣。于是,他从亚里桑纳州立大学退学,义无反顾地去了洛杉矶,进入了时装设计与营销学院。毕业以后,他开了自己的公司,现在是洛杉矶成功的时装设计师。他找到了属于自己的方向。

而泰勒呢,他脑子快,牙尖嘴利,能觉察出幽默与滑稽的细微区别,而大多数人都意识不到。就在昨天,他第一次去见一位新牙医,对方问他如果可以选择,他最愿意拥有谁的笑容,他回答说:"玛德琳·奥尔布莱特……年轻的时候。"我才不管你是谁,搞笑才最重要。我一直以为他长大后会去写情境喜剧,但他觉得那样太无聊了。实际上,泰勒觉得做什么事情都没意思,可他还是要做。他觉得上学没意思,他的朋友们没意思,运动没意思,所以他不断地寻找更有意思的事情,也因此不断地惹上各种麻烦。不过倒不是什么严重的麻烦,只是典型的十几岁孩子会惹上的愚蠢的麻烦。因此,帮助泰勒找到他的生活目标非常不容易。他不断地闯祸,直到有一天,他决心参军,才算是找到了生活目标。他发现自己非常喜欢军队里的一切——军纪、枪、上下级分明,以及努力争取个人荣誉。现在,他成为了一名警官,同时也是特等射手、手枪专家、自由搏击手等。他是在偶然间找到自己生活目标的——有的时候事情就是这么不可思议。

最后,你要帮助孩子找到他的独特之美。和孩子一起努力,鼓励他发现自己真正的优势和需求,这样,孩子就不会只是有责任心、有能力,而会生活得更幸福。

第 10 节

教孩子规划成功的蓝图

设定目标和达成目标是你要教会孩子的最重要的能力,但很少有父母教孩子这一点,因为他们自己都还没有设定并达成目标。

大多数父母都随遇而安地生活着,他们并没有真正想过生活应该是什么样子的,也不打算让生活更美好,更没有什么想要实现的梦想——他们只会纳闷这样子有什么不好。千万别把这种态度传递给孩子。你要让他明白目标设定的几大要素:

1. **写下你的目标**。只有3%的人会把他们的目标写下来。就是这3%,他们的生活比其余没有写下目标的97%要成功得多。因此，让孩子写下他想要实现的目标。

2. **设定大目标，也要设定小目标**。你既要帮助孩子设定需要奋斗终生的大挑战和大目标，也要设定明天就可以实现的小目标。随着小目标的不断实现，孩子会逐渐积累起一种成就感。借助这种成就感，他可以达成更多的目标。

3. **生活的各个方面都要有目标**。经济目标、娱乐目标、健康目标、教育目标等等，这是非常重要的。鼓励孩子在生活的每个方面都设立目标。

4. **目标要具体**。将目标细分成小的、可以达成的、具体的部分。这样做也是在告诉孩子，任何大的成就都是由一连串小成功串联起来的。

5. **设定属于自己的目标**。孩子设定目标应该为了他自己，而不是取悦你。鼓励孩子思考这样的问题：他想要的是什么？为什么？属于他自己的目标才真正具有激励作用。

6. **找出孩子欠缺的知识**。帮助孩子找出他所欠缺的知识，鼓励他通过研究和学习将这方面的知识补上。

7. **知道该向谁寻求帮助**。鼓励孩子向能为他提供欠缺知识的人寻求帮助，从他们那里获得自己欠缺的。

8. **知道该采取什么行动**。行动改变世界。告诉孩子就从今天开始，实实在在地做些事情，向成功的目标迈出第一步。

9. **设立目标达成的期限**。任何目标都要有达成期限。当然,只要孩子是在朝目标前进,在必要的时候达成期限可以适当放宽。

10. **庆祝胜利**。设立目标的主要乐趣之一就是当目标达成时,可以大肆庆祝。就算是一个微不足道的胜利,你也应该轻轻拍一拍孩子的背,以示鼓励。让孩子懂得享受成功。

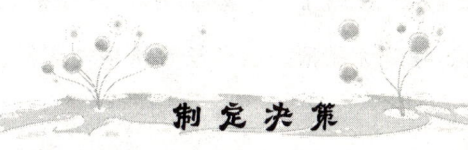

制定决策

怎样才能成功?制定正确的决策。如何才能学会制定正确的决策?制定错误的决策。

这就是规律。作为父母,我们应该尽量避免孩子作出错误的决策,毕竟,我们比孩子更明智些。孩子遇到的问题我们都曾经经历过,所以我们很想替孩子作正确的决定,好让他不必承担错误决定所带来的痛苦,但是错误的决定却是最好的老师。因此,当孩子的决定有错误时,你要适当地保持沉默。

就给孩子几次犯错的机会吧。只要这个错误不至于威胁到他的生活,也不会造成长远影响,那就松开双手,让孩子去犯错吧。让他在小的地方跌倒,让他从一些不具备杀伤力的挫折中吸取教训,慢慢地,他会懂得如何作出正确的决定。

当孩子作了错误决策,发生了他不愿意看到的结果后,不要对孩子说"我早就告诉过你……"这样的话,这只会让孩子马上把你排斥在他的世界之外。你要让孩子自己去感受痛苦,等到合适的时机,再对他宣讲你的经验。问问孩子从挫折中学到了什么,帮助他总结经验教训,让他明白如何正确决策,为他的错误决策而难过,为正确决策而兴奋。**作出错误决策并不是什么大问题,除非你压根儿没有从事情中悟到经验,这才是真正的浪费。**

有的孩子并没有从父母那儿学到如何制定决策,他们整天看着父母苦恼、担忧、思来想去、犹豫不决,最后甚至"思维短路"。在我看来,这可比作一个错误决策要糟糕得多。

有时候,我们花在制定正确决策上的时间似乎太多了些,而实际情况往往没有那么多时间让我们收集信息、分析计算、权衡利弊,然后慢慢制定出一个经过深思熟虑的决策。

因此,我总是向孩子灌输这样的原则:"先拍板,再拍正确的板。"也就是说你要先制定一个决策,再想办法让它正确。没错,有时候你的确得花成倍的力气保证一个已经成形的决策正确,但这总比徘徊不前、迟迟作不出决定要好得多。

从孩子小的时候就要让他养成自己做决定的习惯。让孩子决定自己穿什么衣服。就算他穿牛仔靴配短裤,谁又会挑他的毛病呢？我儿子就这么打扮过,看起来像个小牛仔,这让他十分高兴。

我曾经在百货商店看到一位女士带着她4岁的儿子,小男孩穿戴着蝙蝠侠的全副行头,而当时是7月盛夏,气温足有40摄氏度。我看着小男孩大笑,他的妈妈也大笑着说:"他就想穿成这样。"有什么问题？一点儿没有。随他去吧,这是他的决定,不会影响到任何人。

你要在一些无关紧要的事情上留给孩子自由选择的权利,这会让孩子有一种对生活的控制感,对他是有好处的。当孩子渐渐长大,他就可以在更重要的事情上独立抉择了。你可以给孩子提供建议,但仅供参考,让孩子自己拍板——当然,后果也由他自己来承担。早早让孩子懂得这一点,会让他终生受益。

成功的两条四字箴言

如果要我把成功的金科玉律总结成两点,我会用这样两条四字箴言来概括:努力奋斗和勇往直前。

努力奋斗:这恐怕是地球上最老掉牙的一个词,没有人相信只要努力奋斗,就能走出困境,取得成功,赚到大钱乃至实现自我价值,甚至,我们努力奋斗的全部目的,就是为了有朝一日可以不必再奋斗!

当你对未来茫然一片,不知道该怎么走的时候,就从眼前的事开始奋斗吧。不管做什么,让自己忙碌起来——做什么都可以!

当你不舒服、超重或是生病的时候该怎么办?努力解决摆在你面前的问题!

当你与某人的关系破裂,而你又不想失去对方时,努力去挽救你们的关系!不要只是坐在那儿,思来想去,反复权衡,甚至抱怨诅咒……行动起来,弥补你们的关系。

如果你打高尔夫技不如人,该怎么办?努力提升。

光靠想是不可能成功的,光靠希望也是无济于事——你要行动起来,朝着成功的目标前进。奋斗是解决摆在你面前的所有难题的唯一方法。

如果你能让孩子明白这个道理,并且身体力行地做给他看,为他树立起榜样,那么孩子将来一定会有所作为。

勇往直前:生活是一段充满了插曲、意外、挫折和乱七八糟状况的交响乐。就算你事先把一切都计划得很完美,事情还是会出乱子。为什么会这样?原谅我的答案:不这样它就不是生活。如果事情真的出了乱子,你当然要尽快把它搞定,但也要学会放下,把它变成"过去时"——这就是勇往直前的意思。当烦心事发生时,你要对自己说:"勇往直前。"就算发生了天大的好事,好得不能再好的事,也别忘了告诫自己:"勇往直前。"

生活就是不断向前。你要把失败和成功抛到脑后,向着下一个目标继续进发。别忘了,最重要的不是"发生过什么",而是"要发生什么"。不管发生什么事,麻烦或是机遇,都记得问自己这个看似简单实则深刻的问题:"接下来会怎么样?"

有个十分有趣的例子,可以帮助小孩子们理解我们在上文中提到的"勇往直前":袋鼠只会向前蹦,不会后退。把这个例子讲给孩子听,以后每当孩子面对挑战时,都提醒他像小袋鼠那样努力向前。这是一堂生动有趣的课,它会让孩子一生受益。

将你的人生哲学告诉孩子

没有人生哲学?找一个。

我的人生哲学?很简单——**什么样的人有什么样的生活**。如果你对我的书有所了解,那么这句话你一定不陌生。我相信,你的想法、你的语言和你的行动都将影响你的生活。就算有意外情况发生,就算有些事情你控制不了,但你的应对方式也将决定你的生活道路。

我经常对孩子们说起这条人生哲理,告诉他们永远不要对别人的生活感到不可思议,永远不要找借口。我可以听他们解释原因,但从来不听他们的借口。

我的教育成功了吗?

有一天,我出门去机场赶飞机,全家人站在门口送我。泰勒突然对我说:"爸爸,我真不明白为什么有人愿意付费听你讲话。"我回答:"儿子,你这句话说得太精彩了!"他接着说:"我听了太多你的演讲,听过你列举的成功的18条金科玉律,我听得都快吐了。你对人们说生活很简单,可是你自己都不是这么做的。我和你住在一起,我知道你也会像其他人一样,把日子过成一团乱麻。我觉得你并不了解生活的真谛,我才了解。"

我说我愿意听他讲讲生活的真谛是什么。他回答:"爸爸,闯祸不是什么大事情,承认错误,弥补损失,然后把它忘掉。还有,生活是一场大派对!"知道吗?他全说中了。闯祸并没有什么大不了,人人都会闯祸。承认错误(也就是我所说的有责任心),弥补过错(采取行动),然后把它忘掉(勇往直前)。还有,生活是一场大派对。阿门!

他明白了。我不断地鼓吹我的人生哲学,在书里写,在演讲中强调,在生活中也一直身体力行地做给孩子看。我从来没还有哪些道理你要告诉孩子?

☀️ _____
_____
_____
_____
_____

有要他背会,然后不定期抽查,可是他却记在了心里。他学到了我的人生哲学,将它吸收消化,并且在此基础上发展成为他自己的哲学。

我的目的达到了。

关于制定决策,你教会孩子哪些道理?

_____
_____
_____
_____
_____

哪些是你自己的经验?

_____
_____
_____
_____
_____

第四章 还有一些事情……

第1节

写给十几岁的孩子们

十几岁的孩子简直像外星人,没有人知道他们会做什么,也没有人知道他们为什么这么做。

我自己的孩子十几岁的时候,我常常和家人说,这两个孩子总有一个得被我送进监狱里去,至于送哪个,得看他们俩谁的表现更离谱。

有一天,我看着泰勒的眼睛说:"我爱你,儿子,虽然你做的事情没有一件我看得惯,但我还是爱你。"他回敬道:"我也是,爸爸。"他的意思是他也爱我,但我做的事情没有一件他看得惯。

不管怎么样,我们还是度过了危机。凭着我与青少年相处的经验,我要在这里给他们提供一些建议。没错,这一章是为孩子们写的——不是为你。

你不必费精神读这一章节。这部分内容对你没有什么帮助，我是写给十几岁的孩子看的，请把书交给他。我是说真的，请把书交给你的孩子，让他读一读这几页，然后再把书还给你。如果你手头有10美元做奖励，他一定会答应得非常干脆。

亲爱的孩子：

你的父母都是白痴。当然，并不总是白痴，不过大部分时候他们就是给人这种感觉，所以，把他们当成白痴也无可厚非，毕竟有的时候他们真的很白痴。为什么这么说？因为他们快被你弄疯了。没错，你把这两个可怜的家伙彻底逼疯了。这是你比他们强的地方，是一种强有力的工具，所以，请谨慎使用。

他们虽为父母，却并不一定擅长抚养孩子。当你忍无可忍对他们怒吼："你们根本不了解我！"的时候，你真是太对了。有时候他们的确不了解你，你现在的生活和他们年轻的时候已经完全不一样了。不过话说回来，有些东西是永远不会改变的。有时候他们十分清楚你所经历的事情，因为他们也是从你这么大的时候走过来的，他们走过弯路，不希望你再重蹈覆辙。

你的父母十分努力想要做到最好。他们没能从自己的父母那里学到抚养孩子的必要知识，没有一个完美的榜样可以参照和学习，就只好凭着自己摸爬滚打来的经验，努力扮演好父母的角色。他们饱受打击、头晕脑涨，一旦发现他们把局面搞砸了，而你有可能变成一个小恶魔的时候，他们吓得要命。

他们生怕你会做出什么足以毁掉你后半辈子的事来:怕你醉酒驾车把别人撞死,或者撞死自己;怕你吸毒;怕你听信朋友调唆,去干一些你明知道不对的事,然后被警察抓进监狱;怕你早早地怀孕,或者早早地让别家姑娘怀孕;怕你毕不了业,进不了大学。他们还担心自己攒不够钱送你读大学。他们白天夜里、每一分钟都在担心着你。

他们的害怕会以各种形式表现出来。有时候会表现为对你的过分保护,不过当他们意识到这一点时,会后退一点,还给你一些空间;他们会对你大喊大叫,会哭;他们极力想成为你的榜样——他们并不知道究竟应该怎么做,所以,他们极尽可能去尝试,希望偶尔能做对一两件事。

我知道你的父母让你发疯。我真的理解,但你也要理解一点:所有的唠叨、烦扰、控制、抱怨、指责、咆哮甚至哭泣,都是出于爱。虽然这些表现看上去与爱扯不上关系,但它们的共同出发点都是爱。你的父母一心希望你好,但是,你得承认,你并不想听他们的话。你会用同样大的音量反击,直接控诉"他们不理解你",也可能干脆把他们当成空气,视而不见,所以他们要对你大呼小叫,试图引起你的注意。原谅他们吧,试着理解他们所有行为之下埋藏的动机:爱。摇摇头,转转眼珠(但不要当着他们的面),在心里感谢一下他们对你的爱——虽然表达方式略微笨拙了些。

接下来,你需要和父母好好进行沟通:离开家之前,记得告诉他们你要去哪儿,和谁一起去;带你的朋友们来家里做客,让父母见见他们,了解他们;答应他们的事就一定要说话算话;不对他们撒谎,就算你知道真相会让他们难以接受,也不要用谎言去蒙蔽他们;有了问题去问父母——尤其是一些让人尴尬的问题;告诉他们你心里的恐惧、梦想、愿望和计划。有了开诚布公的谈话,没有什么问题是解决不了的。别再让他们闭上嘴,要把他们接纳到你的生活里来。他们真的十分想加入,别把他们拒之门外。

别这么傻,你得去上课。也许在学校里大部分时间你根本什么都学不到,但有时去上课和学到东西是同样重要的。到校,尽可能注意听讲,你能做的就是忍受几年,折磨很快就会过去,你会笑到最后。如果不去上课,你只会在外面招惹麻烦,让其他人为你担心,你也会为此而后悔。

让父母教教你如何理财。让他们告诉你关于信用积分、储蓄、抵押、信用卡以及其他理财方面的知识,以及如何维持良好的信用记录。如果他们自己都对理财一窍不通(只要注意观察,你会发现的),那就自己去学习这些知识。

帮忙做做家务,别等着父母给你安排任务。你至少可以把自己的脏衣服放进洗衣机,倒些洗衣液,按下洗衣机按钮。这没有多难。别指望脏碟子自己会变干净,垃圾桶自己会清空。

第四章 还有一些事情……

主动一些,这样才公平。这么做还会把你的父母彻底搞糊涂,这才是最有意思的。

你的父母不是印钞机。不要隔三差五地向他们要钱,他们很可能拿不出来。别让他们太难堪,别逼着他们把"不行"说出口。如果不是拿不出钱来,他们也很想对你说"好的",很想你要什么就给你买什么。

别自以为是。其实你什么都不是。

生活中有许多事情比扮可爱、扮酷、成为众星捧月的焦点人物更重要,没有人能靠这个生活下去。也许现在看来这些是头等重要的,但是渐渐地你会发现,善良、有礼、尊重他人和明智才更加重要。

你的父母绝对值得你去尊敬。不管他们表现得怎样,做过哪些事情,仅仅因为他们是你的父母,他们每天辛苦上班维持这个家,赚钱给你买吃的,你就应该尊敬他们。别说他们的坏话,别贬低他们的努力,别直呼他们的大名。对他们好一点。

任何时候都别忘了说"谢谢"。当你吃完饭从餐桌旁站起来时,说"谢谢";当你看到洗干净的衣服整齐地叠放在你的床头时,说"谢谢";当你要用车时,说"谢谢"。一点小小的感恩,能换来长久的亲情。别吝惜。

父母不欠你什么。他们没有义务为你买手机、汽车或其他酷毙了的时尚玩意儿。他们只负责喂你吃饱,给你提供庇护所,保证你健康、受到教育,除此之外,其他的一切都是恩惠。如果你想得到其他东西,那就打份零工,自己赚钱去买。用自己的钱买来的东西你会加倍珍惜,也会打心眼儿里佩服自己。

常给你的祖父祖母打电话。在这一点上别和我争论,也别抱怨,只要照做,就当是体谅他们把你的父母养大成人。

不要醉酒驾车。这是最愚蠢不过的,这么做一点儿都不酷,你真的会撞死人,包括你自己。

抽烟根本不会让你显得有多酷,只会让你看起来蠢得要命。

毒品会毁了你的一生。它会让你在短暂的高潮之后,一辈子跌入低谷。如果你已经染上了毒瘾,那就赶快寻求专业机构的帮助。

要有礼貌。"请""谢谢""好的,先生"和"不必,先生"这样的话要挂在嘴边。这是非常好的习惯,你一辈子都会从中获益的。

别让自己成为物质的奴隶。真正的酷不是像其他人一样,喜欢什么就要拿在手里、穿在身上或者变成现实,而是从欲望中挣脱出来,远远欣赏。

没有你的许可,任何人都不能碰你,任何人都不能在肉体、情绪和精神上伤害你。如果对方伤害了你,立刻与他结束关系。不要指望施暴者有朝一日会悔改,暴力只会升级,离开才是根本的解决办法。

第四章 还有一些事情……

　　学着"像男人一样承担",哪怕你是个女孩子。如果你闯了祸,那就毫无怨言地接受惩罚。有句老话说得好:"如果还没本事,就别急着犯事。"

　　就这些。这份清单上列出的注意事项还远远不够,不过作为改变的开始已经绰绰有余了。如果你全都做到了,你一定会很优秀。现在,把书还给你的父母,别乱花他给你的10块钱。

第 2 节

一份简明清单

开车是特权。

手机是特权。

约会是特权。

让孩子挑选衣服是特权;给什么穿什么是权利。

看电视、玩游戏、用电脑是特权。

零花钱,不管是你给的,还是孩子帮你做事赚的,都是特权。

隐私是需要争取的特权。

出去会朋友是特权。

孩子享受的权利是食物、庇护所、安全、照顾和教育。和被拘捕不同的是，你的孩子甚至没有权利保持沉默。除了我列出的这些，其他事项统统属于特权。

父母一定要做到的

尊重你自己的父母，这样孩子才能尊重你。

让孩子养成阅读的习惯。

让孩子养成科学饮食的习惯。

让你的儿子上完厕所记得放下马桶座。

和孩子一起运动。

别对孩子做的事情不闻不问。

认识孩子的朋友。

鼓励独处。孩子应该学会如何应付孤独。

让孩子学会分享，懂得慈悲。

让孩子养成守时的习惯。

教孩子说"请"和"谢谢"。

始终如一。

做游戏要公平。

打架也要公平。

只做对的——哪怕对的事情已经不被认可、不是捷径或代价不菲。

要有底线——要分清是非黑白。

耐心倾听。

游戏。孩子离不开游戏,你要陪他一起玩。

教孩子如何理财:如何花钱、如何储蓄、如何投资、如何享受。

教会孩子说这句话:"对不起。"

教孩子要有礼貌。

教孩子餐桌上的礼仪。

教孩子尊敬长辈。

给孩子一些隐私空间。不过,要记住,隐私是特权,需要孩子自己争取。

希望孩子成为哪种人,你自己首先要成为那种人。

让孩子明白,自己闯的祸,自己收拾烂摊子。

让孩子感受到你无条件的爱。

对孩子说你爱他。

与孩子保持平等——如果孩子还小,那你就索性坐在地上。

希望孩子尊重你、尊重他人,那么你先要尊重孩子。

纠正孩子的错误要干脆利落——不要唠唠叨叨、没完没了。

常常拥抱孩子,哪怕他已经长大。

教孩子言而有信。

孩子答应过做什么、何时做、怎么做,都要说到做到。你对孩子承诺过的事也要做到。

教孩子如何使用锤子、螺丝刀和钳子等工具,不管对男孩还是女孩都同样重要。

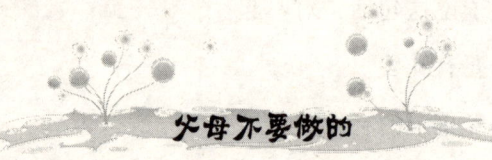
父母不要做的

别指望孩子自己能照顾自己,他做不到。

别让电视成了孩子的保姆。

别以为肯为孩子一掷千金就是爱的表现。真正的爱是与孩子分享生活。

别以为孩子能猜透你的心思。你希望他怎么做,要明确地说出来。

别以为不惩罚孩子就是爱孩子——有一种虐待叫做"不惩罚"!

别以为你的孩子一切都好,他不会对你撒谎,也不会做错事。

别让自己对孩子的朋友一无所知。

告诉孩子,在剧场里不许说话。

别让孩子嚼口香糖。

别让孩子养成发牢骚的习惯。

更不要让孩子养成顶嘴的坏习惯。

不要做孩子的好朋友,你永远是他的家长。

你自己在做的事情,别指望孩子不去做,比如抽烟、暴饮暴食或挥金如土。

别欺骗孩子,也绝不允许孩子欺骗你。

第 3 节
教育孩子的终极目标以及其他理念

讽刺的事——还是闯祸了！

现实往往是这样的,不管你做得多到位,你的孩子还是会把事情弄得一团糟,有时候简直糟糕到不忍目睹。

这是教育的现实。教育孩子和其他事情没什么两样:就算你事事都做得周全,最后还是会出乱子。没错。在生意场上是这样,在投资上是这样,在婚姻关系上是这样,在教育孩子上也是这样。你把能做的一切都做好了,可是换来一个狼狈至极的结果。

我知道很多父母把我所说的每一条都做到了,可他们十几岁的女儿还是怀孕了。我还见过有些孩子从小受到父母的疼爱和管教,做任何事情都稳重严谨,可他们最后却吸毒成瘾。我见过两个孩子在同样的家庭中长大，遵守同样的规矩，得到同等的关心，受到同样的教育，一个大学毕业，一个却进了监狱。

我自己的两个孩子也经常闯祸，是再典型不过的调皮孩子。幸好他俩有我这样一个老爸，你才会看到两个极富创造力、嗓门大又爱说话、有进取心、嘻嘻哈哈还有点惹人讨厌的孩子。他们撞坏汽车，打架，好几次被学校勒令停学，喝酒喝到酩酊大醉。换句话说，他们根本不是完美的小孩。当然，那是因为我根本不是完美的父亲。我只是尽我所能地做到最好。我也犯过错，不过，很多事情我还是做对了。即便如此，他们还是在不停地闯祸。

我小的时候也闯过几次祸，我也不是完美的小孩。我的父母做得很好，他们一直用很现实的态度对待我。

有一个故事他们对我说过很多次。一次，我和三个小朋友朝校长助理家扔鸡蛋，被抓住了。我们被叫到办公室，校长助理命令我们立刻给家长打电话，叫他们来学校。我马上给爸爸打了电话。那时他正在上班，我告诉他我惹了麻烦，请他快来学校。

所有的家长都到齐后，校长助理讲述了我们扔鸡蛋的全过程，认为我们犯了错，应该受到责罚。一位母亲立刻反驳道："这不可能。我儿子从来不做这种事。"而我的父亲则说："好

第四章 还有一些事情……

吧,我希望我儿子不会做出这种事,我们对他一直是严加管教的,不过有些时候也会管不过来。如果真是他做的,我们一定会处理。"然后他就当着所有人的面问我:"是你干的吗?"我看着他的眼睛,说:"是的,是我干的。"校长助理立刻叫骂道:"这就是你的坏孩子!"我永远都忘不了父亲的反应,他一拳头砸在面前的桌子上,说:"我的孩子一点儿不坏。他是个做了件错事的好孩子。"接着,他请校长助理随便用一种合适的方法惩罚我,并且保证回家之后他也会惩罚我。

那一天,因为父亲的一句话,我明白了一个无比珍贵的道理:我是个好孩子,但是我做了件错事。就算是好孩子也会做错事。我非常感谢父亲,他始终认为我是好孩子。他针对的是我做的错事,而不是我本人。

我认为这是做父母要明白的最重要的道理。你的孩子是好孩子,你希望他能听从你平日里对他的教育,做对的事情,但是你也知道,有时候事情总是不按我们想象中的方向去发展,孩子还是会把事情搞砸。这时候,你要记住的是:无条件地爱你的孩子。我说的是**"爱"**他,我没有说**认同**他所做的一切。我说的是,不管他做了什么,你都要一如既往地爱他。

接下来就是赏罚分明。有些错误一定会得到惩罚,比如怀孕或者犯罪——无论如何孩子都会从事情中得到惩罚,你不必特意去惩罚他。你要让孩子觉得痛,这样他才能从错误中吸取教训。有些错误本身没有什么惩罚性后果,那么你就要按照我们前面讨论过的方法,给孩子惩罚。

然后,让孩子明白道理。解释清楚他错在哪里,让他真正认识到错误。当然,他不会喜欢这个环节,但是……不能省略。命令他坐下来,乖乖地听你把话说完,这样才能避免他下次再犯同样的错误。

最后,不要揪着错误不放。不要让孩子永远活在这次的错误中。不管错误多严重,你的眼睛永远要向前看。你要让孩子学会放下包袱,轻装前行。

讽刺的另一种版本——皆大欢喜

有时候,父母把该犯的错都犯了,而孩子却优秀得不得了。有的孩子只有爸爸或妈妈管教,有的孩子甚至一个都没有。没有人教育他,帮助他,没有关心,没有规矩,甚至没有人爱他,但他却成为了非常有责任心的人。

怎么会这样?我曾经采访过几个在可怕环境里长大的孩子,有的孩子父母是做毒品生意的,有的缺吃少穿,有的每天都会遭受身体甚至性虐待,但是,不管经历过多么残酷的事,他们竟然成为了非常优秀的人。这种情况下往往有另一个人对孩子影响至深——亲戚、老师、牧师或是教练。有的时候,仅仅是孩子心中有一股强大的内驱力让他战胜所有不利的环境因素,成为出色的人。

有一则非常神奇的规律是这样的:

有时候你什么都做对了,而结果却是错的;
有时候你什么都做错了,而结果却是对的。

别拿这句话当成借口:明明自己做错了,却还希望孩子能出类拔萃。你应该首先把事情做对,让事情尽可能地向有利的方向发展。

教育的终极目标:独立

这是你对孩子最大的期望——完全自给自足,独立生活。

你希望孩子能养活自己,并且培养出他自己的健康、有教养、有责任心的孩子。你希望他能幸福快乐、衣食无忧,对你再没有任何依赖与索求。当然,他还是离不开你的爱。

为了实现这个目标,你需要牢记前面的5条教育基本法则,然后你要总结,要想让孩子成为优秀负责的人,他都需要明白哪些事情?最后你要教给他敢作敢为,勇于为自己犯下的错误负责。

许多父母并不愿意孩子体验独立自主的感觉。有一次,我和一家人一起吃饭。夫妻俩是我的朋友,他们有个18岁的儿子,孩子很优秀,父母很尽责,但妈妈对儿子过度保护,简直要把她的"小宝贝"供起来。我们准备点菜时,儿子刚把他要点的菜告诉服务生,妈妈就立刻跳起来,大惊小怪地说:"你不会喜欢那道菜,干吗不点些别的?"那可怜的孩子很窘迫,但还是一言不发地听完妈妈的意见。我立刻问他想不想借走我的折叠小刀,他惊讶地看着我,问:"为什么?"我回答说他可以用小刀割断妈妈的围裙带子,好让自己不至于窒息而死。他和他爸爸都哈哈大笑起来。其实我真正想说的问题一点儿也不可笑。他妈妈还在尽力为自己辩解,可惜没有一条理由能真正站得住脚:孩子已经18岁了——让他自己点菜吧!

　　如果这位妈妈坚决不放手会怎么样?还有一次,我和几对夫妻一起吃饭。其中一对夫妻,丈夫已经40多岁,他点了自己想吃的菜,这时妻子立刻跳起来说:"你点得太多了,为什么不换点别的呢?那天你刚刚吃过牛排,今天你应该点大马哈鱼!"人人都发觉我叹了口气,摇了摇头,转了转眼珠(有时候我只是在心里做这些动作,却不知怎么的当着大家的面真的做了出来)。

　　这位妻子看着我说:"怎么了?"我回答:"他早就长大了。他是公司的老板,大把大把地赚钱,难道自己还点不了餐,必

第四章 还有一些事情……

须由你帮忙给建议吗?"其他人听了我的话都笑了,当然,那位妻子没笑。我对那位丈夫说,他应该鼓起勇气,想吃什么就点什么。他不是个大孩子,他的妻子也不是他的妈妈。另外,最重要的一点是,饭钱是他掏的。

从这件事上,我们能大概推测出这位丈夫的成长模式,当然,这位妻子的成长模式也非常清楚。丈夫应该是一个极端不自信的人,甚至对自己点的菜都不自信,而妻子的专横跋扈多半因为她有个专横跋扈的妈妈和一个软弱的爸爸。

现在你知道如何让这个怪圈继续转下去了:只要你不允许孩子独立自主就好。

放手让孩子长大吧。鼓励他多多听从自己内心的声音,作出自己的决定,承担由错误决定所带来的痛苦,享受明智决定所带来的快乐。家长们请闭嘴,没有商量——都闭嘴。

不肯放手的家长——相信我,这样的家长有很多——永远培养不出独立自主的孩子。如果你只知道压抑着他、控制着他,那就是不爱他、伤害他,最后他只能事事依赖你,直到你撒手而去。在你撒手之后,你的孩子一个人根本活不下来。千万不要做这种可怕的家长,不要没完没了地待在孩子的生活中,让孩子学会独立生活。

让孩子走吧!

在某个时刻,孩子终究要离开。是的,你会担忧。是的,你不放心。是的,你明明知道怎么做才更好,却还得眼睁睁地看着孩子犯错。不过,既然该教的你都已经教过了,那就让他自己去做吧。

总之,你要放开紧紧攥着孩子的手,让孩子去过自己的生活,甚至就算你知道他会做错,也不要过多插手。

每一天,我都会收到许多来自父母的信,信的内容无一例外是担心他们的孩子。他们担心孩子怎么花钱,与什么人接近,怎么培养他们自己的孩子等等诸多问题。**我的回复是,人们自己想改变的时候,自然会改变,如果只是你希望他改变,他是不会改变的。**问题的关键是,在你能够控制孩子的时候,你要尽一切努力,当孩子已经长大时,把控制权交还给孩子,让孩子走吧。

斗牛犬为我上的一课

大家都知道,我是"个人发展领域的斗牛犬"这绰号与我的风格非常相衬。斗牛犬一旦锁定目标,就死死咬住,绝不松

第四章 还有一些事情……

口。这与我的做法很相似,我也是坚定原则绝不更改的,这也是我为什么这么喜欢斗牛犬的原因。我非常喜欢斗牛犬,我自己也养这种狗,它们既可爱,又聪明,却常常因为丑陋的样子、硕大的脑袋和侵略性的性格而被人们厌弃。因为这一点,我更加喜欢它们。

几年前,我有一条名叫布巴的斗牛犬。我带着布巴参加了许多训练课程,不管我有没有牵着它,我都可以让它乖乖地跟在我身边走,看懂我的手势,听懂我的命令。我对布巴与我相互配合的能力感到特别自信,所以,有一天我带着它去塔尔萨的河边散步。

那天,成千上万的人在河边骑自行车、跑步、野餐,非常热闹。不过我对布巴很有信心,我相信它知道该怎么做。它的确表现得非常完美,就像它在训练课上学到的那样,时刻注意着我的指示,紧紧跟在我身边。我真的以为它可以完全听我的话,我们能像在社区里散步那样到外面去,可就在我松开链子的一瞬间,它马上就冲了出去,我怎么叫它都不管用。它撒欢儿地跑,眨眼间就跑出去老远。我没办法,只好在后面拼命地追。我用尽办法想要阻止它,可一点儿用都没有。它是个体型巨大、体重达到85磅的两岁斗牛犬,跑得真是非常快!它越过了一条四车道的小路,差点被车撞上。我努力跟在后面,也差一点儿被车撞到。

我们跑遍了整个社区,一边跑,它还一边回头偷偷地看我,嘲笑我。好吧,看起来它真像是在嘲笑我!跑了足足有两英里之后,我终于不行了。我尝试过甜言蜜语引诱它回来,也尝试过怒斥它、命令它回来。最后我决定,如果它没有被汽车碾死,我就把它掐死,当然,前提是我能把它找回来。我累极了,瘫倒在地,一边大口喘气,一边想我自己该怎么回家去,怎么跟我的儿子们解释我把布巴弄丢了。

就在我躺在大太阳底下,一边流汗,一边咒骂,又担心又生气又难过的时候,我感觉到布巴在我身边躺下了。我睁开眼睛,发现它正凑过来,给了我一个湿湿黏黏的吻。我真想掐死它。我搂住它的脖子——给了它一个大大的拥抱。

这只斗牛犬好好地给我上了一课——你绝对不能威胁孩子听从你的旨意,不能用你的一厢情愿不停地逼迫孩子。否则,当你放孩子走的那一刻,他很可能会就此跑掉,但如果你客观冷静地教育孩子,他就会回到你身边来。也许你们会经历一番波折,也许你会想干脆杀掉他,但最后,他会回来,你还是一样会拥抱他,爱他。

如何知道你已经成功了?

如何知道你已经实现了培养孩子的目标?除非等到孩子

第四章 还有一些事情……

长大,否则你不会知道。因此,你要把这本书一直保留到孩子35岁的时候。到那时,翻到本书的开始部分,当时我让你把空白页面都填满,写下你希望孩子35岁时是什么样子。接下来,将孩子的现状与你所希望的样子作个比较,评价自己做得如何。

有这样几条标准可以借鉴:

如果孩子35岁还和你生活在一起,那么你失败了。

如果孩子还得向你借钱付账单,那么你失败了。

如果你还在替孩子付账单,那么你失败了。

如果孩子还在酗酒,像个十几岁的傻孩子一样做事不负责任,那么你失败了。

我可以把这张清单列下去,不过我希望到此为止你已经明白了我的意思。你的目标是培养一个有责任心的、有能力的孩子,如果上面我列出的情况都说中了,那么很显然,你并没有达成目标。你失败了。

如果你的孩子独立自主,有工作,能赚钱养家,善良、仁慈、有责任心,那么你就成功了。

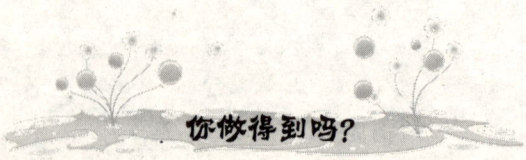
你做得到吗?

你当然做得到。

不管你是哪种类型的人,你都可以让事情有所改观。也许只是缓慢的渐变,但你一定做得到。就算孩子已经长大,你们的关系已经疏远,情况已经是一团糟,只要运用我讲到的原则,你仍然可以让事情变得有所不同。

要改变局面,首先要有改变的想法,接下来就是与孩子进行坦诚的沟通。别忘了,你希望孩子有哪些特质,自己首先要以身作则,所以,成为你希望的那种人,给孩子树立一个榜样。

要记住,改变孩子首先从改变自身开始。好好地审视一下自己,哪些做对了,哪些做错了。诚实地面对自己,改变自己。孩子会注意到你的改变,尊重你为了提升自己而所做出的努力。

你的努力也许不能立刻看出效果。改变是一个渐进的过程,就像"如何吃掉一只大象"的问题一样,答案是"一次吃一口"。这就是你改变自己、继而改变孩子的过程:一步一个台阶。要耐心、要坚持,要知道你的努力是值得的。

既然"一次吃一口"……那么,第一口应该从哪里开始呢?当你合上这本书,把它丢到一边时,好好考虑一下你的第一步应该从哪里开始。

写下你的答案吧。

第四章 还有一些事情……

_____
_____
_____
_____

现在,开始行动!

（京）新登字083号

图书在版编目（CIP）数据

没有任何借口：家教版/[美]温格特著；田丽译. —北京：中国青年出版社，2011.1
ISBN 978-7-5006-9765-7

Ⅰ.①没… Ⅱ.①温…②田… Ⅲ.①家庭教育
Ⅳ.①G78

中国版本图书馆CIP数据核字（2010）第253080号

北京市版权局著作权合同登记
图字：01-2010-7481

书名原文：Your Kids Are Your Own Fault
Copyright ©2010 by Larry Winget
Simplified Chinese Translation copyright ©by China Youth Press
All rights reserved including the right of reproduction in whole or in part in any form.
This edition published by arrangement with Gotham Books, a member of Penguin Group (USA) Inc.

出版发行　中国青年出版社
社　　址：北京东四12条21号
邮政编码：100708
网　　址：www.cyp.com.cn
编辑部电话：(010) 57350520
门市部电话：(010) 57350370
印　　刷：保定市新华印刷厂
经　　销：新华书店
开　　本：880×1230　1/32
印　　张：8.625
插　　页：1
字　　数：140千字
版　　次：2011年1月北京第1版
印　　次：2011年1月河北第1次印刷
印　　数：1—10000册
定　　价：24.00元

本图书如有印装质量问题，请凭购书发票与质检部联系调换
联系电话：(010) 57350337